Entreprise et handicap

Groupe Eyrolles
61, bd Saint-Germain
75240 Paris cedex 05
www.editions-eyrolles.com

Sylvie LIBERTI

Valérie TRAN

Préface de Jean-Christophe Sciberras,
président de l'ANDRH

Entreprise et handicap

Enjeux, mode d'emploi, bonnes pratiques

EYROLLES

Table des matières

Partie 1
· LE CONTEXTE LÉGAL

Partie 2
LES CONDITIONS DE RÉUSSITE

PARTIE 3
METTRE EN ŒUVRE LA POLITIQUE HANDICAP

Remerciements

Nous remercions celles et ceux, acteurs de l'entreprise et profession-nels du handicap, qui ont accepté d'apporter leur éclairage et de partager leur point de vue en témoignant concrètement dans ce livre de leur engagement et de leurs expériences.

Nous remercions Jean-Christophe Sciberras pour l'intérêt qu'il a bien voulu porter à notre projet et pour la confiance qu'il nous a témoignée en préfaçant ce livre.

Nous remercions l'équipe d'Ariane Conseil, nos familles et nos amis qui nous ont apporté leur soutien et leurs encouragements et qui ont su faire preuve de patience et de compréhension durant cette période d'écriture, où nous n'avons pas toujours été aussi dispo-nibles pour eux que nous l'aurions souhaité.

Et merci à Antoine Chereau, qui a mis son talent et son humour décalé au service de l'illustration de la couverture.

Préface

L'emploi de personnes handicapées s'inscrit pleinement dans une thématique chère à l'ANDRH : celle de la diversité. Que l'on parle de génération, d'égalité homme/femme, d'origine ethnique ou de handicap, la diversité est l'une des clés d'une organisation réussie. Elle est source de richesse humaine et de progrès pour l'entreprise et pour ses managers qui, en intégrant dans leurs équipes des personnes « différentes », réinterrogent leurs pratiques et leurs modes de fonctionnement.

Côtoyer et apprendre à travailler avec des personnes en situation de handicap est tout particulièrement générateur d'empathie et de solidarité. Le terme de collectif de travail prend alors tout son sens.

Pour les DRH et dirigeants, la qualité et la valeur d'une entreprise s'expriment par ses capacités à accepter la différence. Nos organisations et nos sociétés ne sont pas des blocs monolithiques.

Nos clients sont divers, nos salariés, nos partenaires économiques et institutionnels le sont aussi. En s'engageant dans une politique handicap, et, plus largement, de prise en compte de la diversité, les dirigeants et DRH construisent la performance économique et sociale de demain.

Nos expériences en ressources humaines nous amènent aussi à militer pour que la question du handicap soit intégrée dans le dialogue social. C'est à la fois une opportunité de créer des échanges positifs et constructifs avec nos partenaires et de positionner la politique handicap comme un sujet de RSE et un projet d'entreprise fort. Nous ne soulignerons jamais assez que le handicap est l'affaire de tous. L'adhésion de l'ensemble des acteurs de l'entreprise et des partenaires sociaux est indispensable pour que la démarche prenne corps autour d'engagements concrets, durables et partagés.

Le second enseignement à mettre en exergue est celui de la transversalité du sujet. Rares sont les projets qui sollicitent, mettent en mouvement et fédèrent des acteurs d'horizons aussi différents, que ce soit dans l'environnement interne ou externe de l'entreprise.

Le sujet est complexe, technique, mais avant tout stratégique. Or les entreprises, même fortement décidées à s'y engager, se sentent parfois démunies quant il s'agit de passer à la mise en œuvre. En ce sens, ce livre, dont les auteurs exercent leur expertise en entreprise depuis plus de 20 ans, nourri par l'expérience de praticiens, répond à un réel besoin. Au-delà de faire partager leurs convictions personnelles, Sylvie Liberti et Valérie Tran ont écrit un livre pragmatique et concret dont l'objectif est de poser les enjeux et de donner les clés pour construire et faire vivre une politique handicap durable.

Jean-Christophe Sciberras
Président de l'ANDRH

Introduction

La loi « handicap » de 2005 a plusieurs mérites.

Elle a intégré la question du handicap à une problématique globale, se posant certes aux entreprises, mais plus généralement à la société.

L'autre point fort de la loi est d'avoir fait de l'intégration des personnes handicapées un sujet d'actualité. La médiatisation du sujet, ainsi que le renforcement des obligations faites aux entreprises privées et au secteur public, ont permis de mobiliser et de mettre en mouvement les acteurs : pour le meilleur, avec un nombre croissant d'employeurs engagés, et pour le pire, avec des « politiques handicap » qui n'en sont pas toujours vraiment…

Car si les entreprises ont pris conscience de leur situation, de la nécessité d'agir et de la légitimité de la démarche, elles sont confrontées à la complexité de mise en œuvre de ce projet d'envergure, qui mêle étroitement le technique et l'humain : comment combattre les résistances, lever les préjugés ? Faut-il contractualiser sa démarche, dans le cadre d'un accord ou d'une convention Agefiph ? Comment piloter et relayer la politique sur le terrain ? Quels acteurs internes et externes solliciter et associer ? Comment hiérarchiser et cadencer le programme d'actions, comment l'évaluer ?...

Si l'ambition de ce livre n'est pas de répondre de manière exhaustive à toutes les questions qui peuvent se poser, son objectif est bien d'être le fil conducteur qui guidera le lecteur sur les différents aspects de son projet, en lui apportant les informations pratiques, les repères méthodologiques et les éléments de réflexion utiles pour passer à l'action, en se donnant les meilleures chances de réussite.

Les témoignages de représentants d'entreprises et de professionnels du sujet qui jalonnent les différents chapitres sont autant d'exemples concrets et réalistes de bonnes pratiques.

Ce livre est le fruit de plus de 20 ans d'expérience, en tant que fondatrice et directrice générale d'un cabinet spécialisé dans le conseil aux entreprises développant des politiques en faveur des personnes handicapées, et précurseur en France sur le sujet. Nous avons à ce titre côtoyé et accompagné chargés de Mission Handicap, managers, recruteurs, DRH, dirigeants, dans des entreprises de tous les secteurs d'activité, grands groupes et PME, engagés de longue date ou aux prémices de leur projet. Nous avons vécu leurs enthousiasmes, leurs questionnements, les succès comme les difficultés. Un capital d'expériences et d'expertise que nous souhaitons aujourd'hui partager.

Car mettre en œuvre une politique handicap n'est pas anodin, et l'entreprise doit avoir clairement conscience des enjeux sous-jacents : des enjeux forts, humains, managériaux, organisationnels, qui se situent au-delà du respect de l'obligation légale. C'est aussi dans une démarche plus globale de changement que l'entreprise s'engage. L'emploi et l'intégration de personnes handicapées sont en effet partie intégrante d'un mouvement et d'une évolution sociétale irréversibles, qu'illustrent les démarches de non-discrimination, la gestion de la diversité, la prise en compte des questions de santé au travail ou les politiques seniors.

Une entreprise est forte des hommes et des femmes qui la composent, quel que soit leur couleur, leur âge, leur origine ou leur handicap. Ouvrir l'emploi aux personnes handicapées est une opportunité pour l'entreprise de progresser dans sa politique RH et managériale, en amenant les individus et le collectif de travail à s'interroger sur leurs pratiques, à comprendre et accepter de nouveaux repères. À ce titre, s'engager pour l'emploi des personnes handicapées doit être compris comme un levier pour une entreprise plus humaine, plus responsable et plus performante.

Partie 1

LE CONTEXTE LÉGAL

Chapitre 1

Un peu d'histoire

Avant 2005, le handicap reste un sujet globalement méconnu et l'emploi des personnes handicapées est loin d'être la priorité des entreprises. Si la loi de 1987 introduit l'obligation d'emploi avec des sanctions financières à la clé, la mise en place de véritables politiques handicap reste l'apanage de quelques grands groupes.

Pourtant, l'emploi de personnes handicapées n'est pas une préoccupation récente en France.

Dès 1975, une loi est promulguée, visant à favoriser l'emploi, la formation et l'insertion professionnelle des personnes handicapées. Elle pose les bases du cadre juridique de l'intégration des personnes handicapées dans la société. Mais cette loi dite « loi d'orientation », non assortie d'une obligation de résultat, porte en elle ses propres limites.

La loi du 10 juillet 1987, qui s'attache essentiellement au volet de l'emploi, marque une étape importante :

▪ elle fixe aux entreprises une obligation de résultat. Dorénavant, tout établissement d'au moins vingt salariés en équivalents temps plein est tenu d'employer des personnes handicapées à hauteur de 6 % de son effectif ;

▪ si ce quota n'est pas respecté, l'entreprise doit verser une contribution libératoire à un organisme créé à cet effet : l'Association de gestion du fonds pour l'insertion des personnes handicapées (Agefiph) ;

▪ l'Agefiph a pour vocation de collecter les contributions des entreprises en deçà des 6 % pour financer des actions visant à favoriser l'emploi de personnes handicapées : aides au recrutement, aides au maintien dans l'emploi, aides visant à compenser un handicap… des aides financières qui s'adressent aux personnes handicapées, aux employeurs et organismes spécialisés.

L'incitation légale et financière instaurée en 1987 met en mouvement les entreprises. Certaines mènent des actions ponctuelles, tentent une embauche ou achètent des produits ou services à des structures spécifiques telles que les centres d'aide au travail (CAT) ou les ateliers protégés (AP).

D'autres, notamment de grands groupes, mettent en place de véritables démarches structurées : recrutement, maintien dans l'emploi, formation, collaboration avec le secteur adapté… tous les axes d'une politique handicap sont abordés. C'est l'apparition des premiers accords d'entreprise sur le sujet et la naissance des « Missions Handicap ». Pour n'en citer que deux : l'entreprise IBM signe son premier « accord handicap » en 1988, la compagnie Air France en 1991.

Pourtant, la mise en place d'une politique handicap et la signature d'accords restent marginales.

Souvent par manque d'informations et par inquiétude quant à ce qui reste un sujet « tabou » : dans les années 1990, l'idée prévaut qu'il est difficile pour une personne handicapée de travailler comme une personne « valide ». La majorité des entreprises perçoit la contribution libératoire versée à l'Agefiph comme « une taxe parmi d'autres ».

Parfois aussi du fait que les entreprises désireuses de s'engager appréhendent la complexité du dispositif. La conclusion d'un accord ou même d'une convention avec l'Agefiph[1], paraît lourde et compliquée. À tort ou non, l'entreprise choisit le biais le plus facile et « préfère payer ».

À partir des années 2000, les choses évoluent. Lors de son allocution du 14 juillet 2002, le président Chirac annonce le lancement d'une réflexion sur l'intégration des personnes handicapées et

---

1. Voir chapitre 6 « Contractualiser sa politique handicap », page 53.

déclare que le handicap sera l'un des trois chantiers prioritaires de son quinquennat.

L'Union européenne marque à son tour sa sensibilité au sujet en déclarant 2003, « Année européenne du handicap ». Conséquence, les médias commencent à s'intéresser au handicap ; les constats tombent :

- 5 millions de personnes handicapées en France ;
- à peine la moitié des entreprises en conformité avec l'obligation légale d'emploi de personnes handicapées ;
- une société et des infrastructures pas ou peu adaptées ;
- un taux de chômage deux fois plus élevé que le taux national.

Une situation qui met en exergue l'existence de discriminations notoires vis-à-vis des personnes handicapées.

Il faudra attendre encore deux ans pour que, le 11 février 2005, soit votée la loi « pour l'égalité des droits et des chances, la participation et la citoyenneté des personnes handicapées » : une loi qui fait de l'intégration des personnes en situation de handicap dans l'entreprise, et plus largement dans la cité, une question sociale d'actualité.

1975-2005 : les dates clés

1975 (loi du 30 juin)

Elle prévoit l'obligation éducative au bénéfice des personnes handicapées et met en place le principe du droit à la formation, à l'insertion et à l'orientation des personnes handicapées.

Elle crée dans chaque département une commission technique d'orientation et de reclassement professionnel (Cotorep). Cette commission est compétente pour attribuer la reconnaissance de la qualité de travailleur handicapé (RQTH) et se prononcer sur l'orientation professionnelle de la personne handicapée.

1987 (loi du 10 juillet)

Elle fixe à 6 % de l'effectif l'obligation d'emploi des personnes handicapées pour les entreprises de vingt ETP (équivalent temps plein) et plus.

Elle prévoit une contribution libératoire en cas de non-respect du quota ; cette contribution est versée à un organisme créé à cet effet : l'Agefiph (Association de gestion du fonds pour l'insertion des personnes handicapées).

2002

Le président Jacques Chirac déclare que le handicap sera l'un des chantiers prioritaires de son mandat.

2003

L'année est consacrée « Année européenne du handicap ».

2005 (loi du 11 février)

La loi « pour l'égalité des droits et des chances, la participation et la citoyenneté des personnes handicapées » est votée, avec une entrée en vigueur prévue au 1er janvier 2006.

Chapitre 2

La loi de 2005 : principes fondateurs

Certes, il aura fallu plus de deux années de consultations, de débats et de négociations pour aboutir à ce texte. Certes, la complexité et le manque de clarté des modalités d'application ont favorisé une période de perplexité et de confusion dans les entreprises : pas moins de cent un articles et cent vingt décrets, précisant ou amendant les modalités d'application ont été publiés après la parution de la loi ! Pourtant, la loi de 2005 présente des évolutions positives et pour le moins marquantes : dans ses principes fondateurs, elle repositionne le handicap comme une question sociétale.

LA DÉFINITION DU HANDICAP ET LE CONCEPT DE SITUATION DE HANDICAP

Les principes fondateurs de la loi de 2005 reflètent une approche nouvelle du handicap : on lui donne pour la première fois une définition, en considérant la « situation de handicap » plutôt que la déficience.

La définition du handicap

« Constitue un handicap toute limitation d'activité ou restriction de participation à la vie en société subie dans son environnement par une personne en raison d'une altération substantielle, durable ou définitive, d'une ou plusieurs fonctions, physiques, sensorielles, mentales, cognitives ou psychiques, d'un polyhandicap ou d'un trouble de santé invalidant[1]. »

Cette définition, outre le mérite de donner une référence commune et partagée, exprime une acception élargie du handicap : tous les types de handicap sont concernés, y compris le handicap mental ou psychique, jusque-là souvent laissé pour compte. On est loin de la vision réductrice consistant à associer handicap et personne à mobilité réduite !

Elle évoque également le handicap comme « une restriction de la participation à la vie en société » : une manière de rappeler que l'emploi n'est qu'un volet de la vie sociale. Éducation, loisir, accessibilité au bâti…, la loi « handicap » de 2005 se positionne clairement au-delà du seul champ de l'emploi.

Le concept de « situation de handicap »

les discussions autour des différents projets de texte amènent à mettre l'accent sur la notion de situation de handicap. À partir de là, on parlera plus volontiers de « personne en situation de handicap » que de « personne handicapée ». Or il ne s'agit pas là d'un simple effet rhétorique.

Derrière cette expression, l'idée-force est que le handicap est relatif, car lié à un contexte. Par opposition à la déficience, qui est l'altération d'une fonction, le handicap est une gêne rencontrée dans une situation donnée. Cette gêne peut souvent être compensée par un moyen matériel ou organisationnel, parfois simple.

Prenons un exemple : une personne perd une partie de sa vision suite à un accident. Elle devient déficiente visuelle. Sauf opération chirurgicale, la déficience existe dans l'absolu, de façon permanente. Mais on parlera de « situation de handicap » lorsque la réduction de capacité provoque un désavantage social : dans son travail, elle ne peut plus utiliser son ordinateur pour lire sur écran. Si l'on met à sa disposition un matériel ou un logiciel adapté, elle pourra de

---

1. Loi 2005-102 du 11 février 2005, article 2.

nouveau travailler sur écran, et ne se trouvera plus, dans le cas précis, en « situation de handicap ». Et ce, sans pour autant perdre la reconnaissance de la qualité de travailleur handicapé, qui permettra à son entreprise de la comptabiliser dans les 6 % requis par les textes.

Cette distinction entre déficience, handicap et situation de handicap est particulièrement intéressante lorsqu'il s'agit, en entreprise, de lutter contre les freins et les *a priori* liés à l'emploi de personnes handicapées.

Mettre l'accent sur la situation de handicap permet aussi d'élargir le débat. Des aménagements réalisés pour une personne handicapée – au sens restrictif du terme –, pourront bénéficier à des personnes « en situation de handicap » momentanée (une femme enceinte, une personne que sa jambe cassée oblige à s'aider de béquilles…). Ainsi, une rampe d'accès pourra évidemment servir à une personne en fauteuil roulant, mais elle sera tout aussi utile à d'autres personnes ayant une difficulté ponctuelle pour se déplacer. C'est dire si, en mettant l'accent sur la situation de handicap, on élargit le champ des politiques handicap.

LES NOTIONS D'ACCESSIBILITÉ ET DE SERVICE GLOBAL À LA PERSONNE

La loi « handicap » de 2005 repose sur l'idée que la personne handicapée, quel que soit son handicap, doit pouvoir participer effectivement à la vie de la cité. Cette idée-force apparaît à plusieurs reprises dans le texte de la loi : dans son intitulé « loi pour l'égalité des droits et des chances, la participation et la citoyenneté des personnes handicapées », comme dans la définition qu'elle donne du handicap : « toute limitation d'activité ou restriction de participation à la vie en société[1] ». Cet objectif clair – donner la possibilité aux personnes handicapées de « vivre comme tout le monde » – induit des obligations en matière d'accessibilité.

---

1. Loi 2005-102 du 11 février 2005, article 2.

Dans les textes, l'*accessibilité* concerne explicitement tous les types de handicap. On vise en outre « l'accessibilité pour tous, à tout » : accès à l'information, à la formation, aux services…

L'accessibilité implique aussi que l'ensemble de la prestation ou du service soit assuré sans discrimination pour toutes les déficiences. Certains parlent aussi de « qualité d'usage équivalente » : cette notion doit s'entendre du point de vue des distances à parcourir, de la qualité de traitement et de la valeur symbolique des lieux. Ainsi, un accès par l'arrière d'un établissement ou par les locaux de service ne saurait être considéré comme présentant une qualité d'usage équivalente à un accès principal.

Autre point essentiel de la loi de 2005, *la notion de « service global à la personne »*. L'intégration de la personne handicapée est prise en compte à chaque étape et sur chaque volet de sa participation à la vie sociale. C'est dans cet esprit de service global à la personne que sont créées les maisons départementales des personnes handicapées (MDPH). Un interlocuteur unique y est censé prendre en charge l'ensemble des informations et des démarches concernant aussi bien la scolarisation, les droits et les prestations, l'accès à la formation et à l'emploi, ou encore l'orientation vers les établissements spécialisés. L'objet est de replacer la personne au cœur du dispositif.

La loi « handicap » de 2005 : les grandes avancées

Le droit à la compensation

Le droit à la compensation est l'expression de la solidarité nationale et le moyen de l'égalité de traitement entre les citoyens handicapés et l'ensemble des citoyens. La loi met notamment en place la prestation de compensation du handicap (PCH) qui permet aux personnes handicapées de recourir à des aides humaines, techniques ou animalières.

La scolarité

La loi reconnaît à tout enfant porteur d'un handicap le droit d'être inscrit en milieu ordinaire, dans l'école la plus proche de son domicile. Des postes d'auxiliaires de vie scolaire (AVS) sont prévus pour leur permettre de trouver leur place dans la classe, comme dans la vie de l'école.

L'accessibilité

La loi affirme le principe d'accessibilité généralisée, quel que soit le handicap. Elle rend obligatoire l'accessibilité des locaux d'habitation neufs, privés ou publics, et prévoit pour 2015 la mise en accessibilité des transports et des établissements recevant du public (ERP)

Les maisons départementales des personnes handicapées (MDPH)

La loi instaure le principe d'un lieu unique, destiné à faciliter les démarches des personnes handicapées et à assurer la gestion de l'ensemble de leurs droits. Les MDPH exercent une mission d'accueil, d'information et d'accompagnement pour les personnes handicapées et leurs proches.

L'emploi

La loi réaffirme l'obligation d'emploi d'au moins 6 % de travailleurs handicapés pour les entreprises de plus de vingt salariés, renforce les sanctions, crée des incitations et les étend aux employeurs publics[a].

a. Voir chapitre 3 « Focus sur l'emploi : les mesures phares », page 25.

Chapitre 3

Focus sur l'emploi : les mesures phares

Sur la question spécifique de l'emploi, la loi de 2005 introduit des changements qui vont amener les entreprises à se réinterroger sur leur politique – ou leur absence de politique – en matière d'emploi de personnes handicapées. Elle instaure des mesures incitatives et renforce la pénalisation des « mauvais élèves ». En tout état de cause, les nouvelles modalités de calcul du taux d'emploi et de la contribution sont globalement défavorables aux entreprises.

Les mesures phares de la loi de 2005 en matière d'emploi

Comme les entreprises privées, le secteur public règle désormais une contribution lorsque le taux d'emploi de 6 % n'est pas atteint.

La loi instaure, dans les entreprises et les branches professionnelles, une obligation de négocier périodiquement sur le sujet.

Le coût de certaines actions visant à favoriser l'emploi de personnes handicapées devient déductible de la contribution.

Les sanctions financières sont renforcées : augmentation de la contribution libératoire et création d'une sur-pénalité pour les entreprises inactives.

Les modalités de calcul du taux d'emploi et de la contribution sont modifiées.

De nouvelles modalités pour calculer le taux d'emploi

La loi de 2005 s'inscrit dans la continuité de la loi de 1987, en maintenant le principe du taux d'emploi et de la contribution libératoire pour les entreprises en deçà des 6 %.

Pour s'acquitter de l'obligation, les modalités proposées à l'employeur ne changent pas fondamentalement par rapport à ce qui existait[1]. Il peut opter pour :

- l'emploi direct de collaborateurs bénéficiaires de l'obligation d'emploi ;
- l'accueil de stagiaires en situation de handicap, à hauteur de 2 % maximum de l'obligation ;
- la conclusion de contrats de sous-traitance[2] avec des entreprises adaptées (EA), des centres de distribution de travail à domicile (CDTD) agréés ou encore avec des établissements et services d'aide par le travail (Esat), à hauteur de 50 % maximum de l'obligation[3] ;
- le versement d'une contribution libératoire à l'Agefiph[4] ;
- la signature d'un accord libératoire[5].

Les bénéficiaires de la loi de 2005 : qui décompter dans les 6 % ?

- Travailleurs handicapés reconnus par la CDAPH.
- Victimes d'accident du travail ou de maladie professionnelle ayant entraîné une incapacité partielle permanente (IPP) au moins égale à 10 % et titulaires d'une rente versée par un organisme de Sécurité sociale.
- Titulaires d'une pension d'invalidité d'un régime de Sécurité sociale, si l'invalidité entraîne *a minima* une réduction des deux tiers de leur capacité de travail ou de gain.
- Anciens militaires titulaires d'une pension d'invalidité.
- Veuves et orphelins de guerre.
- Épouses d'invalides internés pour le service de guerre.
- Sapeurs-pompiers volontaires blessés dans l'exercice de leurs fonctions.
- Bénéficiaires de l'allocation adulte handicapé (AAH).
- Titulaires d'une carte d'invalidité.

---

1. Art. L. 5212-7, R. 5212-10 à R. 5212-11 du Code du travail.
2. Art. L. 5212-6, R. 5212-5 à R. 5213-9 du Code du travail.
3. Voir chapitre 10 « Collaborer avec le secteur adapté ou protégé », p. 165.
4. Articles L. 5212-9 et L. 5212-10, D. 5212-19 à D. 5212-25 du Code du travail.
5. Voir chapitre 6, « Contractualiser sa politique handicap », p. 53.

En revanche, les modalités de calcul du taux d'emploi sont assez sensiblement modifiées[1]. Deux points sont à retenir :

- Les nouvelles modalités de décompte ne sont pas favorables aux entreprises. Alors que le taux d'emploi moyen des entreprises privées était de 4,5 % pour l'année 2005 (anciennes modalités de décompte), il se situe à 2,7 % en 2009[2] (nouvelles modalités de calcul).

- Loin de simplifier les choses, la loi « handicap » de 2005 amène l'entreprise à réaliser des calculs peu accessibles aux non-initiés : règles de proratisation spécifiques, possibilité de réduire sa contribution grâce à des « unités de minoration », calcul prenant en compte les emplois exigeant des conditions d'aptitude particulière (ECAP)… En tout état de cause, la complexité des calculs impose une dimension technique… à un sujet fondamentalement humain. On peut également regretter un certain manque de lisibilité des indicateurs que sont le taux d'emploi et la contribution. Ainsi, afficher un taux d'emploi de 6 % ne signifie pas forcément que l'entreprise compte effectivement 6 % de personnes handicapées dans son effectif !

L'OBLIGATION DE NÉGOCIER SUR LE SUJET

Pour que la question de l'emploi des personnes handicapées devienne un incontournable dans l'entreprise, le sujet entre désormais dans les négociations obligatoires.

La négociation porte sur l'accès à l'emploi, la formation et la promotion professionnelles, les conditions de travail et de maintien dans l'emploi. Cette obligation est annuelle pour les entreprises et triennale pour les branches professionnelles.

Pour le législateur, c'est là une manière d'amener les directions et les partenaires sociaux à s'interroger sur la situation de l'entreprise par

---

1. Le détail des modalités de calcul figure dans la notice accompagnant la DOETH (déclaration obligatoire d'emploi des travailleurs handicapés).
2. *Source* : rapport DARES 2011. Le taux de 2,7 % porte sur les entreprises assujetties, non couvertes par un accord.

rapport à l'emploi de personnes handicapées, et à prendre en compte le handicap dans la politique ressources humaines… au final, à engager des actions.

LA POSSIBILITÉ DE DÉDUIRE CERTAINES ACTIONS DE LA CONTRIBUTION

Nouveauté de la loi « handicap » de 2005, l'entreprise peut désormais déduire du montant de sa contribution certaines dépenses favorisant l'emploi de personnes handicapées. Bien que le montant déductible soit plafonné à 10 % de la contribution, cette formule ouvre des portes : elle permet à l'entreprise de mener les actions de son choix pour faire progresser son taux d'emploi. Seule contrainte : les dépenses doivent entrer dans les catégories définies par décret.

Les dépenses déductibles de la contribution

- La réalisation de travaux, dans les locaux de l'entreprise, afin de faciliter l'accessibilité sous toutes ses formes aux travailleurs handicapés.
- La réalisation d'études et d'aménagements des postes de travail en liaison avec le médecin du travail et le comité d'hygiène, de sécurité et des conditions de travail (CHSCT) afin d'améliorer l'insertion professionnelle des travailleurs handicapés dans l'entreprise.
- La mise en place de moyens de transport adaptés en fonction de la mobilité et du problème particulier de chaque travailleur handicapé.
- La mise en œuvre de moyens pour le maintien dans l'emploi et la reconversion professionnelle de travailleurs handicapés.
- La mise en place d'actions pour aider au logement des travailleurs handicapés afin qu'ils puissent se rapprocher de leur lieu de travail.
- La mise en place d'actions pour aider à la formation des travailleurs handicapés des entreprises adaptées et des établissements ou services d'aide par le travail, dans le cas d'adaptation de la qualification liée à l'achat d'une prestation.
- Le partenariat avec des associations ou organismes œuvrant pour l'insertion sociale et professionnelle des personnes handicapées, à l'exclusion des actions financées dans le cadre du mécénat.
- La mise en place d'actions d'aide à la création d'entreprises par des personnes handicapées.
- La formation et la sensibilisation de l'ensemble des salariés de l'entreprise dans le cadre de l'embauche ou du maintien dans l'emploi des travailleurs handicapés.

> • La conception et la réalisation de matériel ou d'aides techniques pour les travailleurs handicapés.
> • L'aide à l'équipement et à l'apport de compétences et de matériel aux organismes de formation, pour accroître leur accueil de personnes handicapées.
> • La formation initiale et professionnelle en faveur des personnes handicapées, au-delà de l'obligation.

Cette ouverture permet à l'entreprise d'initier à son gré des actions ponctuelles, comme par exemple des actions de sensibilisation interne, en toute autonomie financière : une réelle marge de manœuvre budgétaire pour le chargé de Mission Handicap, et pour l'entreprise une opération blanche au plan financier.

Autre avantage de cette formule : l'entreprise qui finance des actions par ce biais continue, sur le principe, d'avoir accès aux différentes aides de l'Agefiph. Par exemple, une prime à l'insertion lorsqu'elle recrute une personne en situation de handicap, une subvention lorsqu'elle procède à l'aménagement d'un poste[1]…

Témoignage

« … nous avions acquis la maturité suffisante pour nous engager… »

Francis CAIRE, DRH Groupe SOCOTEC

« Jusqu'en 2006, il n'y avait pas de mobilisation particulière sur le sujet. Nous avons alors confié un diagnostic conseil à un consultant externe, pour nous aider à améliorer la situation.

Trois axes de travail en sont ressortis : le recrutement, les "reconnaissances internes" de la qualité de travailleur handicapé et le développement de la collaboration avec le secteur adapté.

Cet audit préalable nous a confortés dans la nécessité de mettre en place les moyens et compétences indispensables à la réalisation du plan d'action défini avec nos partenaires sociaux.

Nous avons recruté une chargée de Mission Handicap. En parallèle, une charte a été rédigée et communiquée en interne et en externe, pour traduire officiellement notre engagement.

La contribution payée au titre de la DOETH a été décentralisée, afin que chaque unité soit responsabilisée sur son taux d'emploi.

…/…

---

1. Voir le site de l'Agefiph : agefiph.fr.

Puis, nous avons signé une convention avec le Gesat[1], pour mettre à la disposition de nos managers les coordonnées de structures locales avec lesquelles conclure des partenariats de sous-traitance.

Les coûts engendrés par la mise en œuvre de ces actions ont été partiellement déduits de notre contribution Agefiph, au titre des 10 % prévus par la loi. Certes, ce mécanisme reste une mesure temporaire et je l'ai utilisé comme un élément « déclencheur », mais surtout comme une étape incontournable…

Nous avions fait le pari d'une amélioration de notre taux d'emploi de travailleurs handicapés et d'une baisse de notre contribution à l'Agefiph liées à ces actions. De fait, en 2011, grâce aux progrès ainsi réalisés et à des résultats probants au plan humain, nous avons pu envisager de conclure notre premier accord : nous avions acquis la maturité suffisante pour nous engager avec nos partenaires sociaux et la Direccte (Direction régionale des entreprises, de la concurrence, de la consommation, du travail et de l'emploi) dont nous dépendons.

L'AUGMENTATION DU MONTANT DE LA CONTRIBUTION

Depuis 1987, le montant de la contribution est calculé sur la base du SMIC horaire que multiplie un coefficient déterminé en fonction de l'effectif de l'entreprise.

La loi « handicap » de 2005 revoit à la hausse les coefficients multiplicateurs… ce qui a pour effet une augmentation significative des sommes que perçoit l'Agefiph ; d'autant que les entreprises n'ont pas forcément anticipé l'impact de la loi sur leur contribution.

---

1. Groupement d'établissements et services d'aide par le travail proposant, par exemple, des prestations d'entretien de locaux et d'espaces verts, ainsi que des tâches administratives (traitement de CV…).

**Évolution des montants collectés (en millions d'euros)
et du nombre d'établissements contribuant à l'Agefiph**

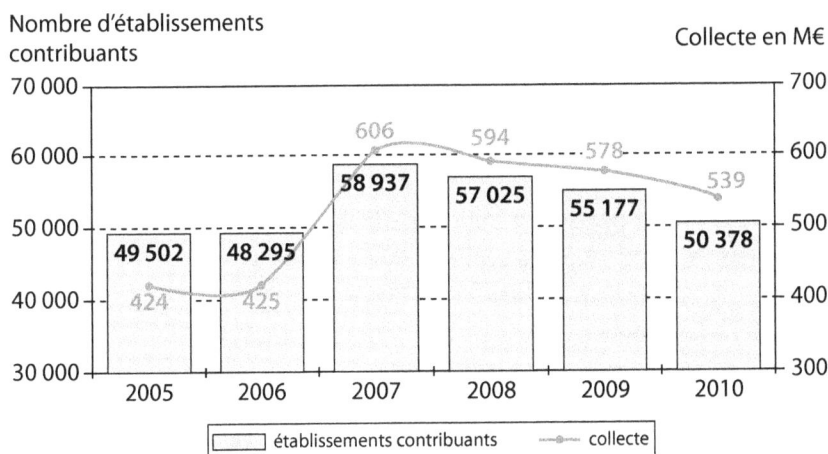

Nombre d'établissements contribuants

Collecte en M€

	49 502	48 295	58 937	57 025	55 177	50 378
	424	425	606	594	578	539
	2005	2006	2007	2008	2009	2010

établissements contribuants — collecte

Source : chiffres de l'emploi Agefiph – Bilan 2010.

Comparatif des modalités de calcul de la contribution
loi 1987/loi 2005

Effectif d'assujettissement	Modalités de calcul loi de 1987 (par unité manquante et par an)	Modalités de calcul loi de 2005 (par unité manquante et par an)
20 à 199 salariés	**300 fois** le SMIC horaire	**400 fois** le SMIC horaire soit 3 760 € par unité manquante et par an[a]
200 à 749 salariés	**400 fois** le SMIC horaire	**500 fois** le SMIC horaire soit 4 700 € par unité manquante et par an
Plus de 750 salariés	**500 fois** le SMIC horaire	**600 fois** le SMIC horaire soit 5 640 € par unité manquante et par an

a. Montants calculés au 1er juillet 2012 (SMIC horaire : 9,40 €).

UNE SUR-PÉNALITÉ POUR LES ENTREPRISES INACTIVES

Cette mesure vise les entreprises n'ayant réalisé aucune action en faveur de l'emploi de personnes handicapées pendant plus de trois ans.

Elle prévoit que la contribution de ces dernières soit portée à mille cinq cents fois le SMIC horaire pour toute unité manquante, soit 14 100 euros par unité manquante et par an au 1er juillet 2012.

L'objectif était clairement, par le biais d'une sanction financière, de sensibiliser et de pousser à l'action un maximum d'entreprises. Pari réussi, car la « sur-pénalité » enclenche un réel passage à l'acte : estimées par l'Agefiph à vingt-trois mille début 2009, les entreprises à « quota zéro », dont 95 % sont des PME dont l'effectif se situe entre vingt et cent salariés, ne sont plus qu'environ six mille fin 2009[1].

Un résultat spectaculaire qui doit néanmoins être nuancé. Certaines entreprises se sont, par exemple, contentées, pour échapper à la sur-pénalité, de conclure un contrat ponctuel de sous-traitance avec une structure adaptée ; alors que l'enjeu était de déclencher une prise de conscience, amenant l'entreprise à engager une véritable politique handicap. Pour éviter ce type de comportement, un décret paru au *Journal officiel* du 3 août 2012 fixe un seuil minimum en deçà duquel les unités générées par la sous-traitance ne seront pas comptabilisées[2].

---

1. *Source* : Agefiph.
2. Le montant minimum hors taxes des contrats passés par les entreprises avec ces établissements devra être supérieur, sur quatre ans, à :
   • 400 fois le Smic horaire pour une entreprise de 20 à 199 salariés ;
   • 500 fois le Smic horaire pour une entreprise de 200 à 749 salariés ;
   • 600 fois le Smic horaire pour une entreprise de 750 salariés et plus.

Chapitre 4

La loi handicap 2005…
sept ans plus tard

La loi de 2005 a agi comme un détonateur. Elle a bousculé les idées reçues, questionné les pratiques et impulsé une dynamique nouvelle, tant dans la sphère professionnelle qu'au niveau de la société. Le regard que nous portons sur le handicap a changé. Pourtant, la loi de 2005 a fait des déçus. Les moyens n'ont pas été toujours à la hauteur des promesses faites. Au niveau des entreprises, bien du chemin reste encore à parcourir.

DES MOYENS RENFORCÉS, DES ACTEURS MOBILISÉS

La deuxième conférence nationale du handicap du 8 juin 2011 a fourni l'occasion au gouvernement de montrer que les choses évoluaient dans le bon sens. En termes de moyens tout d'abord : les dépenses consacrées par l'État aux mesures en faveur des personnes handicapées ont augmenté de 32 % entre 2005 et 2010. Il en est de même pour les dépenses consacrées à la scolarisation des enfants handicapés. En termes de résultats également : le nombre d'enfants handicapés scolarisés est passé de 133 000 en 2005 à 201 406 en 2010 (+ 50 %). Dans les établissements spécialisés, il est fait état en 2005 de 278 850 places financées par l'État et l'assurance-maladie, pour 320 510 places en 2010, auxquelles s'ajoutent 105 016 places financées par les conseils généraux.

Autre effet visible et positif de la loi « handicap » de 2005 : la plus large médiatisation du sujet, avec la volonté de sensibiliser à la fois le grand public et le monde professionnel. Leur furent destinées notamment d'importantes campagnes de communication menées par l'Agefiph dans la grande presse et à la télévision, portées par des personnalités connues, comme Jamel Debbouze ou Grégory Cuilleron. Dans le même registre, le journal télévisé de 20 heures relaie dorénavant les épreuves des Jeux paralympiques et évoque la Semaine nationale pour l'emploi des personnes handicapées, organisée chaque année en novembre. Des émissions de télé comme le programme court « Vestiaires » ou la série documentaire « Dans la peau d'un handicapé » sont diffusées à des heures de grande écoute. Et c'est sans doute le cinéma, avec le phénoménal succès d'*Intouchables*, qui a récemment participé de façon majeure à lever les tabous et casser l'image d'Épinal du handicap. La communication sur le handicap se fait plus présente aussi dans la presse. Des supports, spécialisés en ressources humaines ou non, comme *Le Figaro*, *Le Monde* ou *Les Échos*, lui consacrent chaque année des cahiers spéciaux. Et ce ne sont là que quelques exemples de l'avancée médiatique obtenue : même encore insuffisante, elle contribue à une meilleure réceptivité des entreprises et des directions des ressources humaines.

La mobilisation des acteurs est également une retombée très positive de la loi de 2005.

Le nombre d'entreprises qui s'engagent augmente chaque année. Depuis 2005, l'Agefiph et les Direccte n'ont jamais été autant sollicitées. Les chargés de Mission Handicap se font plus nombreux : à titre d'exemple, le club « Être », qui réunit depuis vingt ans les chargés de Mission Handicap des entreprises engagées, n'a jamais compté autant de membres. Le nombre d'entreprises ayant un taux d'emploi de handicapés de 0 % a diminué de 78 %.

Chez les acteurs institutionnels, en particulier au niveau de l'Agefiph, on constate un véritable déploiement de moyens pour mieux répondre aux attentes et besoins des entreprises et des personnes handicapées.

En ce qui concerne les acteurs privés, on assiste à la multiplication des cabinets conseil, agences de communication ou centres de formation spécialisés. En 2011, l'Agefiph diffuse aux entreprises une liste d'experts ne comptant pas moins d'une centaine de cabinets, sachant qu'ils étaient moins de dix en 1990 !

Témoignage

« Commencé à trois, le club Être compte aujourd'hui 230 entreprises. »

Anne Voileau, Fondatrice de la revue Être, de la radio Vivre et du club Être

Fondatrice de la revue *Être Handicap Information* et de la radio Vivre FM 93,9, deux médias dédiés à l'insertion des personnes handicapées, il était évident pour moi que le droit au travail, inscrit dans la Constitution, devait être reconnu pour chacun. C'est pourquoi je me suis tournée vers les entreprises en créant le club Être, afin de disposer d'un espace pour réunir celles d'entre elles désireuses de souscrire un accord ou de développer et partager une politique en faveur de l'insertion professionnelle des personnes handicapées.

À sa création en 1992, le club Être comptait trois membres : IBM, Rhône Poulenc et EDF. Il rassemble aujourd'hui plus de deux cent trente entreprises qui souhaitent développer l'information sur leurs actions, leurs réussites et leurs difficultés. Leur objectif est d'échanger de bonnes pratiques pour progresser et encourager d'autres entreprises à s'engager elles aussi. Le club Être est également force de proposition face aux pouvoirs publics, ce qui a été largement le cas dans le cadre de la préparation de la loi du 11 février 2005 et lors de la rédaction des décrets d'application.

Le club Être regroupe des entreprises sur toute la France et se réunit dans trois régions : Île-de-France, à Paris ; Nord-Pas-de-Calais, à Lille ; Rhône-Alpes, à Lyon. Des invités extérieurs interviennent fréquemment pour faciliter la compréhension des différents acteurs gravitant autour des Missions Handicap. Enfin, le Club Être met à la disposition de ses membres un site qui leur réserve un ensemble de services utiles pour la gestion de la Mission Handicap et constitue un réseau d'entraide professionnel.

Des déceptions

Force est de constater que les moyens et les résultats n'ont pas toujours été à la hauteur des ambitions affichées… créant ainsi des déceptions relayées notamment par les associations de personnes handicapées.

▪ La mise en place des maisons départementales des personnes handicapées, partant au demeurant d'une intention louable, s'est faite avec difficulté. En effet, l'un des grands principes de la loi de 2005 était la création d'un guichet unique d'accueil destiné à faciliter les démarches des personnes handicapées. Or, malgré la volonté et les efforts des conseils généraux, les MDPH peinent encore à assumer pleinement leurs missions : par manque de moyens mais aussi parce que le rassemblement d'agents venant de différentes administrations ne se fait pas sans difficulté. Les personnes en situation de handicap en sont les premières pénalisées. L'obtention de la reconnaissance de la qualité de travailleur handicapé nécessite des délais excédant parfois six mois. Les personnes handicapées font également état de difficultés pour être suivies par les équipes des MDPH. On est loin de l'idée de replacer la personne handicapée au cœur du système !

▪ Autre ombre au tableau, la question de la scolarisation des enfants et plus particulièrement celle des auxiliaires de vie scolaire (AVS). Ces derniers sont chargés, entre autres fonctions, de l'accompagnement des élèves handicapés en milieu scolaire ordinaire. Sept ans après l'entrée en vigueur de la loi, les associations et les parents d'élèves pointent du doigt la précarité, l'absence de formation et le *turnover* fréquent sur ces emplois d'AVS… ainsi que leurs conséquences sur l'intégration scolaire des enfants handicapés, contraints de s'adapter régulièrement à un nouvel accompagnant.

▪ Enfin, on peut s'inquiéter de ce qui se fait en matière d'accessibilité. Selon la loi « handicap » de 2005, les établissements recevant du public (ERP) et les transports publics devront être accessibles à tous au 1er janvier 2015. Selon le baromètre accessibilité de l'Association des paralysés de France (APF)[1], le constat général

---

1. Baromètre de l'accessibilité 2010 : souhaitant mesurer l'avancement de la mise en accessibilité de la France d'ici 2015, l'APF a publié en 2011 sa seconde édition du baromètre de l'accessibilité, en partenariat avec *L'Express*.

est encourageant. Il subsiste néanmoins des points d'insatisfaction. Ce rapport révèle, entre autres points, que 30 % des ERP ont un an de retard dans la réalisation de leur diagnostic, pourtant obligatoire[1]. Il pointe les grandes difficultés que connaissent les déficients moteurs pour accéder à des services essentiels du quotidien : ainsi, 86 % des personnes interrogées estiment difficiles d'accéder à des commerces de proximité. La question de l'accès aux soins demeure lui aussi un point noir : 91 % des cabinets médicaux sont peu accessibles, voire inaccessibles.

Témoignage

« L'accessibilité, un enjeu majeur pour la participation de tous à la société de demain »

▪ *Jean-Marc MAILLET-CONTOZ, directeur de publication de la revue Handirect, co-fondateur et commissaire général du salon européen « Urbaccess »*

« L'accessibilité est sans doute le seul véritable projet de société que la France porte actuellement. Au regard de la loi, l'accessibilité concerne les personnes présentant un handicap aussi bien moteur que sensoriel ou mental : les difficultés de mise en application sont énormes et souvent mal comprises. Mais bien au-delà de ce cadre, l'accessibilité et la qualité d'usage touchent des millions de personnes qui ne se reconnaissent pas dans un handicap mais dans une difficulté quotidienne à la mobilité. Ces freins à la mobilité sont de différentes natures et nous les connaissons tous : une mère de famille avec une poussette, une personne avec une jambe ou un bras dans le plâtre, une personne âgée, une personne souffrant d'arthrose, de fatigabilité, une personne qui souffre de malvoyance liée à l'âge, une personne analphabète qui ne sait pas utiliser la signalétique, une enfant trop petit pour accéder à certains services, une personne obèse qui ne peut utiliser des escaliers ou des toilettes trop exigües...

Les cas se déclinent à l'infini, que nous soyons dans la rue, dans les transports, dans les lieux de loisirs et de culture, dans les lieux d'enseignement et de formation, dans une rue commerçante et bien sûr dans l'entreprise.

.../...

---

1. Le diagnostic des ERP était à réaliser avant le 1er janvier 2010 pour les ERP de catégories 1 et 2, et avant le 1er janvier 2011 pour les ERP de catégories 3 et 4.

Nous mesurons bien à quel point l'accessibilité est l'un des enjeux majeurs du confort de vie, de la sécurité, de la mobilité et de la participation de tous et pour tous de la société de demain.

C'est le rôle de tous les citoyens de s'engager dans cette voie et celui des politiques d'être vigilants et pragmatiques pour que l'accessibilité devienne une évidence. »

EMPLOI : DES OMBRES AU TABLEAU

En dépit de la loi de 2005, certaines entreprises n'ont engagé aucune politique handicap, d'autres se sont contenté de réagir ponctuellement. Or l'enjeu était d'aller au-delà de la simple réponse à l'obligation et de développer des politiques durables, ancrant le sujet des personnes handicapées dans la culture des entreprises. Force est de constater que cela n'a pas toujours été le cas.

Certes, les entreprises qui s'engagent sont de plus en plus nombreuses… Pourtant, les chiffres montrent qu'il reste du chemin à parcourir :

- en moyenne, un demandeur d'emploi handicapé présente une ancienneté d'inscription au Pôle Emploi de vingt et un mois, contre quatorze mois tous publics confondus[1] ;

- en 2010, le nombre de demandeurs d'emploi handicapés a augmenté deux fois plus vite que pour le tout public (+ 11 %)[1] ;

- le taux de chômage des personnes handicapées est de l'ordre de 20 %, soit toujours deux fois plus que pour l'ensemble de la population des 15 à 64 ans[2] ;

- les phénomènes de discrimination restent une réalité. Dans son rapport annuel 2010, la Halde (Haute Autorité de lutte contre les discriminations et pour l'égalité)[3] confirme que la répartition des réclamations selon les différents critères de discrimination est relativement constante depuis 2005 : arrive en tête l'origine (entre 27 % et 29 % depuis 2007), puis le handicap et l'état de santé (19 %).

---

1. Chiffres de l'emploi – Bilan 2010 (Agefiph).
2. *Source* : INSEE, 2007.
3. Intégrée depuis mars 2011 dans le périmètre du Défenseur des droits.

« La grande majorité des réclamations concerne des personnes handicapées en poste… »

Fabienne JEGU, expert handicap du Défenseur des droits (ex-Halde)

« L'obligation d'emploi de 6 %, instituée depuis 1987, même lorsqu'elle est respectée, ne suffit pas à elle seule à garantir l'égalité de traitement dans l'emploi à l'égard des salariés handicapés. En effet, d'après les saisines reçues par le Défenseur des droits concernant le handicap, il est intéressant de noter que l'emploi est le premier domaine dans lequel s'exercent les discriminations (50 % des saisines) et que 80 % des réclamations concernent des personnes handicapées en poste, qui se disent "stigmatisées" en raison de leur handicap.

Ainsi, bien que bénéficiaires de l'obligation d'emploi, la majorité des personnes handicapées qui nous saisissent s'estiment discriminées dans l'exercice même de leur emploi, que ce soit dans le déroulement de carrière (salaire, promotion, formation…) ou le maintien dans l'emploi en cas d'inaptitude au poste, suite à la survenance ou à l'aggravation d'un handicap.

Or il convient de rappeler que, depuis la loi de 2005, les employeurs sont désormais tenus de prendre "les mesures appropriées" pour permettre aux salariés handicapés d'accéder à un emploi correspondant à leurs qualifications et de l'exercer. Un refus de la part de l'entreprise peut constituer une discrimination, à moins de démontrer que de telles mesures représentent "une charge disproportionnée".[1]

En résumé, l'égalité de traitement des personnes handicapées dans l'exercice de l'emploi est le nécessaire corollaire de l'obligation d'emploi instituée par la loi de 1987. »

Par ailleurs, l'objectif d'amener les entreprises à engager des politiques handicap ambitieuses et pérennes n'est pas complètement atteint.

Pour échapper à la sur-pénalité, certaines entreprises se sont contentées d'une ou deux actions ponctuelles permettant de générer rapidement, au vu de l'urgence, quelques unités : achat à des structures

---

1. Voir chapitre 8, « Recruter et intégrer », p. 95.

adaptées ou identification de salariés handicapés n'étant pas administrativement reconnus comme tels. Il s'agissait alors d'éviter le pire, mais rarement d'un tremplin vers un projet global et structuré, contrairement à ce qu'espérait le législateur.

Dans le même temps, d'autres entreprises se sont trop vite orientées vers la signature d'un accord libératoire, séduites par la perspective de ne plus avoir à régler de contribution, et de pouvoir gérer leur propre fonds. Pour autant, elles ne se sont pas forcément donné les moyens de déployer une démarche structurée et pérenne. On constate d'ailleurs que les Direccte et les partenaires sociaux réagissent devant ce que certains qualifient de « dérapage » : les Direccte se font plus « regardantes » sur les engagements que prennent les entreprises et sur leurs réalisations, tandis que les partenaires sociaux sont attentifs aux résultats présentés dans les bilans annuels. On voit des accords dénoncés ou dont l'agrément est refusé parce que considérés comme non suffisamment ambitieux.

On note également que la contractualisation d'une politique handicap, que l'on parle d'un accord ou d'une convention avec l'Agefiph[1], devient une affaire de plus en plus complexe : exigences accrues des institutionnels, sur la forme et le fond, difficultés pour les entreprises à avoir un interlocuteur, délais d'instruction… Sans généraliser, certains chargés de Mission Handicap regrettent le « parcours du combattant » qu'ils ont eu à mener pour contractualiser leur politique handicap.

Enfin, d'autres préoccupations affectent aujourd'hui les entreprises et les DRH : morosité économique, perspective de crise, mais aussi émergence de nouvelles pénalités sociales (égalité professionnelle, pénibilité, seniors…), qui font parfois passer au second plan la question du handicap et de l'emploi de personnes handicapées.

---

1. Voir chapitre 6, « Contractualiser sa politique handicap », p. 53.

Partie 2

LES CONDITIONS
DE RÉUSSITE

Chapitre 5

Le diagnostic : pourquoi ? comment ?

Que l'on se place sur le registre réglementaire ou sur celui de l'efficacité de la politique handicap, la phase de diagnostic est incontournable. L'entreprise qui souhaite s'engager ne peut pas – et n'a d'ailleurs aucun intérêt à le faire – s'exonérer d'une phase de diagnostic.

UNE ÉTAPE INCONTOURNABLE

Si l'entreprise souhaite mettre en œuvre une politique handicap, elle devra, pour contractualiser son projet, engager des discussions avec la Direccte ou avec l'Agefiph[1]. Or la position des institutionnels est claire : pour conclure un accord handicap ou une convention Agefiph, l'entreprise doit avoir réalisé un diagnostic préalable.

Le guide méthodologique édité en 2009 par la Direction générale de l'emploi et de la formation professionnelle (DGEFP) qualifie cet état des lieux de « condition nécessaire à l'agrément[2] ». La nécessité du diagnostic, assortie d'indications sur son objet, est reprise par ailleurs dans la circulaire DGEFP n° 2009-16 du 27 mai 2009 relative à l'évaluation des accords sur l'insertion professionnelle des travailleurs handicapés : « Cet état des lieux doit reposer d'une part

---

1. Voir chapitre 6 « Contractualiser sa politique handicap », p. 53.
2. Les accords en faveur de l'emploi des travailleurs handicapés (art. L. 5212-8, L. 5212-17, R. 5212-14 et R. 5212-15 du Code du travail : p. 15 *sq.*).

sur une analyse économique du groupe, de l'entreprise ou de l'établissement, et d'autre part sur une analyse de la situation de l'emploi des travailleurs handicapés tenant compte des caractéristiques du marché du travail. »

La position de l'Agefiph est tout aussi explicite : une entreprise qui souhaite initier une politique handicap dans le cadre d'une convention[1] est orientée en premier lieu vers la réalisation d'un diagnostic. Ce diagnostic dit « diagnostic conseil approfondi » peut être, pour partie, financé par l'Agefiph[2].

Le diagnostic conseil approfondi Agefiph : fiche technique

L'accompagnement de l'Agefiph

- Un accompagnement dans la préparation du diagnostic et l'élaboration du cahier des charges afin de sélectionner le consultant.
- Un suivi et un accompagnement pendant le diagnostic.
- Des échanges autour des résultats et des préconisations.

La demande de subvention

- Un dépôt de la demande avant le démarrage du diagnostic.
- Une prise en charge déterminée en fonction de la taille de l'entreprise.
- La consultation d'au moins deux consultants.

Entre 2009 et 2011, trois cent vingt diagnostics conseil approfondis ont été réalisés tous secteurs confondus (source : Agefiph).

L'intérêt du diagnostic est aussi à envisager sous l'angle du dialogue social et des négociations annuelles obligatoires (NAO).

Depuis la loi du 11 février 2005, l'employeur est tenu d'engager chaque année une négociation sur les mesures relatives à l'insertion professionnelle et au maintien dans l'emploi des travailleurs handicapés. L'objectif de cette mesure est de sensibiliser les partenaires sociaux. Elle a aussi pour but d'amener direction et partenaires sociaux à réfléchir conjointement sur les actions qui pourraient permettre d'améliorer la situation.

Vu sous cet angle, le diagnostic constitue la base de la négociation collective sur le sujet du handicap.

1. Voir chapitre 6, « Contractualiser sa politique handicap », p. 53.
2. Pour plus de précisions, consulter le site de l'Agefiph, agefiph.fr.

© Groupe Eyrolles

Au-delà du registre réglementaire et social, la nécessité de passer par une phase de diagnostic relève du simple bon sens au plan de la conduite du projet.

Le diagnostic… Tout le monde connaît ce terme d'origine médicale. Avant d'agir, le médecin a besoin de comprendre. Il va donc interroger, écouter attentivement le patient, s'appuyer sur des informations objectives telles que des résultats d'analyse pour, finalement, poser un diagnostic et formuler des prescriptions.

En matière de démarche handicap, le diagnostic répond aux mêmes objectifs : pour savoir dans quelle direction aller et comment procéder, mieux vaut savoir où l'on en est. C'est bien l'objet d'un diagnostic que d'analyser une situation à un instant t, de dégager des orientations et définir un programme d'action.

Enfin, en termes de dynamique de projet, le diagnostic permet de disposer d'un point de référence, d'une « évaluation zéro ». Il donne de la matière pour définir les critères et les indicateurs qui permettront de mesurer régulièrement l'évolution de la politique handicap, la qualité et l'efficacité des actions mises en place et la performance de l'entreprise sur le sujet[1].

QU'ATTENDRE DU DIAGNOSTIC ?

Les résultats attendus d'un diagnostic sont de trois ordres. Le diagnostic permet à l'entreprise de mieux appréhender sa situation, ses forces, ses faiblesses et ses potentiels en matière d'emploi de personnes handicapées : ce sont les constats.

Il apporte des préconisations pour lui permettre de construire sa politique handicap et *in fine* d'améliorer sa performance sur le sujet.

Enfin, bien mené, il provoque une prise de conscience des acteurs et un changement des comportements avant même qu'un programme d'action n'ait été formalisé.

© Groupe Eyrolles

_____

1. Voir le paragraphe « Évaluer pour évoluer », p. 88.

Une meilleure connaissance de sa situation, de ses forces et ses faiblesses ainsi que de ses potentiels, tels sont les premiers apports du diagnostic :

- quelle a été l'évolution du taux d'emploi, des contributions, de la collaboration avec le secteur adapté ?
- quelles sont les caractéristiques de l'effectif handicapé en comparaison de celles de la population globale (emploi, niveau de qualification, ancienneté) ?
- quels sont les flux d'entrée et de sortie de travailleurs handicapés, rapprochés de ceux de la population globale ?…
- les acteurs de terrain (managers ou responsables ressources humaines) ont-ils déjà recruté des personnes en situation de handicap ?
- sont-ils en relation avec les réseaux spécialisés dans le placement de personnes handicapées ?
- que savent-ils de la loi « handicap » ?
- les pratiques de recrutement en vigueur sont-elles propices à l'embauche de collaborateurs en situation de handicap ?…

Quelques exemples de questions auxquelles l'état des lieux se doit d'apporter des réponses.

Une fois la « photographie » réalisée, vient la phase d'analyse et de mise en perspective des informations recueillies.

L'analyse va permettre de mettre en exergue ce qui peut constituer un obstacle ou au contraire une opportunité, et ceci pour chacun des axes d'une politique handicap (le recrutement et l'accueil de personnes handicapées, leur maintien dans l'emploi, la formation ou encore le développement de la sous-traitance avec le secteur adapté…).

Prenons comme exemple les caractéristiques des postes sur lesquels l'entreprise recrute : on sait que les demandeurs d'emploi en situation de handicap sont majoritairement peu qualifiés[1]. Si l'entreprise emploie principalement des niveaux bac + 5, il faudra au niveau des préconisations imaginer des stratégies de contournement : anticiper

---

1. 80 % des demandeurs d'emploi handicapés ont un niveau de qualification inférieur au baccalauréat – source INSEE.

les futurs recrutements en se rapprochant d'universités ou de grandes écoles, mettre en place des parcours de formation, etc.[1].

C'est dans cette phase d'analyse de l'information qu'un conseil extérieur expert apporte sa véritable valeur ajoutée. Sa connaissance des réseaux du handicap et du marché de l'emploi des personnes handicapées, son expérience des politiques handicap en entreprises et dans le secteur d'activité concerné, vont l'amener à formuler des préconisations sur mesure, adaptées au fonctionnement et à la culture de l'entreprise. En effet, du travail d'analyse – s'il est réalisé dans les règles de l'art – aux préconisations d'actions, il n'y a théoriquement qu'un pas.

La formulation de préconisations fait partie intégrante du diagnostic. C'est notamment pour cette raison que l'on parle de « diagnostic conseil ». La partie conseil consiste à définir, à partir des constats, les actions à mener par l'entreprise pour améliorer sa performance sur les différents volets d'une politique handicap.

À titre d'exemple, un diagnostic avait fait apparaître qu'une majorité de l'effectif handicapé, par ailleurs significatif (cent personnes), ignorait l'existence de la Mission Handicap et exprimait des attentes importantes en termes de prise en compte de leur handicap par l'entreprise. L'une des premières actions menée par la chargée de Mission Handicap a été de ce fait de rencontrer les salariés handicapés afin de faire le point sur leur intégration. Cette démarche a été qualifiée de « prioritaire »… parce qu'elle conditionnait la crédibilité de la Mission Handicap et de ses actions à venir.

Autre exemple : en croisant les déclarations annuelles et les résultats des entretiens avec des responsables ressources humaines locaux, un consultant a pu constater que des unités liées à des achats au secteur adapté n'étaient pas valorisées. À la lumière de ce constat, la DRH procéda prioritairement à la sensibilisation des acteurs concernés et à la création d'un code spécifique dans le système d'information, permettant à la fois d'identifier les structures adaptées et de faire une requête sur les attestations manquantes chaque année.

---

1. Voir chapitre 8, « Recruter et intégrer », p. 95.

Dans ces deux exemples, les actions mises en place répondent à un contexte et une problématique particulière. Elles n'auraient pas nécessairement eu lieu d'être dans d'autres entreprises.

Au-delà des actions à mener sur les différents volets de l'emploi de personnes handicapées, le diagnostic apporte des préconisations sur la forme contractuelle à donner à la politique handicap. L'entreprise a-t-elle plutôt intérêt à conclure un accord ? Une convention Agefiph[1] ? Le diagnostic va l'aider à prendre une décision en mettant en lumière les avantages et les contraintes des différents scénarios possibles. À l'issue du diagnostic, l'entreprise peut adopter trois positions.

- Elle peut choisir d'arrêter là le processus ou de différer la mise en place d'une réelle politique handicap. Ce pourrait être le cas d'une entreprise ayant des projets qu'elle estimerait prioritaires ou dont le contexte ne serait pas favorable (restructuration, difficultés économiques…).

- Elle peut aussi estimer que certaines actions ciblées lui suffiront à atteindre le taux d'emploi : sous-traitance au secteur adapté ou accueil de stagiaires en situation de handicap, par exemple. Elle préférera alors procéder à des actions « ponctuelles et à retombées immédiates » plutôt que d'entrer dans le montage d'un plan d'action structuré et planifié. Ces actions seront menées en dehors du cadre d'un accord handicap ou d'une convention – et l'entreprise déduira leur coût de sa contribution à l'Agefiph[2].

- Elle peut enfin décider de mettre en place une politique handicap formalisée, structurée et inscrite dans le moyen et le long termes. Le projet devra porter sur plusieurs volets (recrutement, formation, maintien dans l'emploi…) et implique pour l'entreprise de se doter notamment de ressources et de moyens financiers. Elle choisira alors de contractualiser son projet, soit dans le cadre d'un accord libératoire, soit d'une convention avec l'Agefiph[1].

---

1. Voir chapitre 6, « Contractualiser sa politique handicap », p. 53.
2. Depuis la loi du 11 février 2005, les entreprises peuvent déduire de la contribution Agefiph des actions visant à favoriser l'emploi de personnes handicapées (voir p. 28).

Repères méthodologiques

Les entreprises confient généralement la réalisation du diagnostic à un cabinet extérieur. À charge pour ce dernier de proposer la méthodologie la plus adaptée, en fonction de l'antériorité de la démarche de l'entreprise sur le sujet, de son organisation et de ses modes de fonctionnement… En tout état de cause, on retiendra deux points essentiels : le soutien de la direction – car sans lui, il y a peu de chances que le diagnostic soit qualitatif – avec l'implication et la participation des acteurs internes (RH, opérationnels…), car c'est à travers eux que la future politique handicap pourra se concrétiser sur le terrain.

Qui réalise le diagnostic ?

La question de confier ou non le diagnostic à un prestataire extérieur peut se poser. Certaines entreprises choisissent une ressource interne ou confient la réalisation du diagnostic à un stagiaire. Mais cela nécessite de la disponibilité et une expertise. À cela s'ajoute le fait que la réalisation du diagnostic et, en particulier, l'intervention d'un consultant peuvent être prises en charge pour partie par l'Agefiph. Pour toutes ces raisons, les entreprises externalisent souvent le diagnostic.

Quel est l'intérêt de faire appel à un conseil externe ?

- le sujet à la fois technique et complexe. Technique parce qu'il fait référence à des données réglementaires et à un réseau, autour du handicap, touffu et peu lisible pour les non-initiés. Complexe parce que le sujet, resté longtemps tabou, est encore sensible. Le conseil apporte sa maîtrise du sujet et l'objectivité du « regard extérieur ». Sa neutralité favorise la libre expression ; son expérience lui permet de décrypter le positionnement affiché des acteurs et les propos « politiquement corrects » que l'on rencontre parfois ;

- d'autres raisons sont plus tactiques. L'appel à une ressource externe permet de gagner en crédibilité et en impact : en mandatant un consultant, la direction montre l'importance qu'elle accorde au projet ;

- enfin, on sait bien que les mêmes constats avancés par un expert indépendant ont plus de poids que s'ils sont énoncés par une personne de l'entreprise.

Comment procéder ? trois exemples de méthodologie

Un diagnostic ne se résume pas à une analyse de données quantitatives assortie d'entretiens ou de questionnaires. La méthodologie et les modalités de réalisation doivent être pensées en fonction de la taille de l'entreprise, de son organisation et de ses modes de fonctionnement. Il n'existe donc pas un diagnostic, mais des diagnostics.

À titre d'exemple, nous nous arrêterons sur trois méthodologies différentes, chacune adaptée à un contexte et à une problématique spécifique :

- *Le diagnostic conseil* : le consultant procède à l'analyse des données quantitatives relatives à l'emploi en général et à l'emploi des personnes handicapées en particulier. Il interroge un panel d'acteurs et analyse différents documents. Les constats et préconisations d'actions sont ensuite présentés à l'entreprise et à l'Agefiph, en qualité de co-financeur et d'éventuel partenaire, si l'entreprise envisage ensuite de conclure une convention d'action[1].

- *Le diagnostic « ciblé »* est une approche intéressante pour les entreprises multi-sites, souvent confrontées à la disparité de performance de leurs unités contributrices, dont certaines peuvent apparaître en retrait par rapport à l'obligation d'emploi, voire à « quota zéro ». Le diagnostic ciblé consiste à rechercher les causes de ces difficultés *ad hoc*, directement sur l'entité concernée (qui peut être un établissement, une unité, un service) et de co-construire avec les acteurs de terrain un plan d'action correctif. Participatif et « sur mesure », le diagnostic ciblé se révèle extrêmement efficace. Quelques chiffres pour juger de l'impact des diagnostics ciblés réalisés pour une enseigne de supermarchés : sur quarante-sept établissements diagnostiqués en 2010, trente-cinq ont amélioré leur taux d'emploi dans l'année suivante. Sur

---

1. Voir chapitre 6 « Contractualiser sa politique Handicap », p. 53.

ces trente-cinq établissements, cinq ont atteint les 6 % et 8 % sont parvenus à un taux d'emploi entre 3 % et 6 %.

▪ *L'autodiagnostic* enfin consiste à ce que l'entreprise se mette elle-même en situation d'évaluer son positionnement par rapport aux différents volets de la politique handicap. L'auto-évaluation est réalisée sur la base d'un référentiel à partir duquel un groupe ou des groupes de travail évaluent la performance de l'entreprise en matière de handicap. L'intérêt de cette approche méthodologique est évidemment l'appropriation de la démarche par les acteurs, mais également une mise en mouvement rapide de l'entreprise pour améliorer sa situation. C'est une approche particulièrement appropriée aux PME mais aussi aux grandes entreprises habituées à fonctionner en « mode projet », avec des groupes transverses et pluridisciplinaires.

Témoignage

« Les actions de diagnostic ciblé ont insufflé une dynamique dans les magasins à taux d'emploi insuffisant »

▪ *Berthe DEPAQUIS, pilote national Mission Handicap Carrefour Hypermarchés*

« Nous avons mis en place ces actions dès 2005, dans l'idée de proposer une aide personnalisée aux établissements dont le taux d'emploi restait faible. L'objectif était d'identifier quelles étaient les difficultés spécifiques de chacun de ces sites, afin qu'ils puissent améliorer leur situation via des actions concrètes, adaptées à leur contexte. Mais pour que la démarche soit efficace, il faut que le magasin soit partie prenante : aussi nous n'intervenons qu'auprès des sites demandeurs, car dès lors qu'il y a une volonté exprimée du directeur, on est déjà dans une bonne dynamique !

C'est un consultant externe qui réalise l'audit sur site, en rencontrant notamment le directeur et les pilote et copilote Mission Handicap. Au préalable, je lui communique des éléments concernant l'établissement ciblé : nombre d'embauches et de départs de travailleurs handicapés, motifs de départs, licenciements pour inaptitude... Cela lui permet de procéder à une première analyse et d'orienter sa méthode d'investigation. Parallèlement, l'espace emploi Carrefour, dont les collaborateurs ont été formés sur le sujet du handicap, contacte les Cap Emploi afin de connaître la situation sur le bassin d'emploi, les CV disponibles, etc.

…/…

> Nous disposons ainsi d'un état des lieux complet, interne et externe, qui fait précisément ressortir les causes de difficultés, les freins et les leviers. Le consultant propose alors au magasin un programme d'action et de suivi, sur lequel le directeur s'engage après concertation et validation. C'est une démarche courte, opérationnelle et efficace : on constate que la majorité des sites audités ont rapidement progressé. »

Les modalités de diagnostic peuvent donc varier, mais pour autant :

- quelle que soit la méthodologie retenue, les objectifs restent les mêmes : avoir une visibilité sur la situation de l'entreprise, ses forces et ses faiblesses, définir une stratégie et des plans d'actions pour construire une véritable politique handicap ;
- l'implication des acteurs internes est un incontournable : le niveau de mobilisation n'est certes pas le même pour un autodiagnostic et un diagnostic conseil, mais, dans tous les cas, le diagnostic est l'affaire de l'entreprise, même si sa réalisation en est confiée à un cabinet extérieur. C'est grâce à cette approche participative que le diagnostic constituera un tremplin vers l'action.

Chapitre 6

Contractualiser sa politique handicap

Contractualiser ou non sa politique handicap est question de stratégie, de culture d'entreprise et de contexte. La convention Agefiph et l'accord libératoire sont les deux formules de contractualisation les plus répandues. L'une comme l'autre permettent à l'entreprise de se donner des moyens, financiers notamment, et de positionner la démarche comme un projet d'entreprise.

DE L'UTILITÉ DE CONTRACTUALISER

Les entreprises qui développent des actions en faveur de l'emploi des personnes handicapées peuvent choisir d'avancer seules, d'être accompagnées par l'Agefiph, ou encore de s'engager dans le cadre d'un accord libératoire.

Qu'en est-il de celles qui choisissent « d'avancer seules » ? Il s'agit souvent d'entreprises proches des 6 %, auxquelles il manque seulement quelques unités bénéficiaires pour satisfaire à l'obligation. Plutôt que la « machinerie » de l'accord ou de la convention, qui implique des engagements et des discussions avec les partenaires sociaux et les institutionnels (Agefiph ou Direccte), elles préfèrent mener en toute indépendance des actions ponctuelles (la sensibilisation des services achats ou des recruteurs, par exemple), susceptibles d'aboutir rapidement à des résultats.

L'intérêt de la formule est triple pour l'entreprise :

- elle peut déduire de sa contribution à l'Agefiph le montant des actions menées dans la limite de 10 % de cette contribution[1] ;
- elle est autonome, puisqu'elle n'a de comptes à rendre ni à des instances externes ni à des instances internes ;
- enfin, elle bénéficie d'une « totale liberté », puisqu'elle n'a pas à s'engager sur un programme structuré et planifié.

Le revers de la médaille est d'abord la limitation budgétaire : toutes les dépenses ne sont pas déductibles de la contribution et leur montant total ne peut excéder 10 % de la contribution.

Par ailleurs, il est plus difficile de sensibiliser les acteurs et de les fédérer autour d'une démarche qui n'engage pas formellement l'entreprise et qui ne reflète pas une volonté affirmée de s'inscrire dans le long terme.

Il est d'ailleurs fréquent qu'à un moment donné, confrontée à ces limites, l'entreprise se tourne vers la signature d'un accord ou d'une convention.

Quant aux entreprises qui décident de contractualiser leur politique handicap, elles optent le plus souvent pour la convention Agefiph ou l'accord libératoire. Choisir l'une de ces deux voies amène l'entreprise à penser un programme d'action annuel ou pluriannuel et à s'engager à la fois sur des résultats et sur des moyens. Cela lui permet en revanche de disposer d'un budget pour financer la mise en œuvre de ce programme. Autre avantage non négligeable, l'entreprise s'engage vis-à-vis d'autres acteurs, partenaires sociaux et institutionnels. Ce peut être un levier intéressant notamment en termes de communication.

CONCLURE UN ACCORD LIBÉRATOIRE OU EXONÉRATOIRE

Les textes stipulent qu'un employeur peut s'acquitter de son obligation d'emploi en appliquant un accord de branche, de groupe, d'entreprise ou d'établissement[2]. Depuis la loi du 11 février 2005,

---

1. Voir la partie 1, « Le contexte légal ».
2. Art. L. 5212-8, L. 5212-17 et R. 5212-12 à R. 5212-18 du Code du travail.

le nombre d'accords handicap connaît un développement important, même si les entreprises qui choisissent cette voie restent encore minoritaires. En témoigne le nombre d'établissements couverts par un accord : en 2007, sur 126 000 établissements assujettis, 8 694 sont couverts par un accord agréé, soit 6,9 %. Ils n'étaient que 2 700 en 1998, soit 2,5 % des établissements assujettis.

L'accord : quelles implications ?

Témoignage

« Il est indispensable de prévoir des étapes intermédiaires… »

Marc VEYRON, directeur affaires sociales France Capgemini

« Je partais du constat d'un décalage important entre des établissements près d'atteindre le taux d'emploi légal et d'autres très en retard, voire à taux zéro. En dépassant les seules initiatives individuelles locales de responsables déjà sensibilisés au handicap, l'accord permet de créer une vraie dynamique au plan national, portée au plus haut niveau de la hiérarchie.

Un accord oblige à nous fixer des objectifs sur différents axes (embauche, maintien dans l'emploi…), négociés avec les partenaires sociaux, puis à les partager en communiquant sur un plan d'action. Il est indispensable de prévoir des étapes intermédiaires, pour avancer « marche après marche » et faire que chaque expérience humaine réussie donne envie d'aller plus loin.

L'accord est aussi porteur d'un message fort à l'attention de l'ensemble des collaborateurs et induit une adhésion de toutes les équipes.

Enfin, une telle démarche doit s'afficher et se construire dans le temps. Cette continuité permet à chacun, et notamment les partenaires sociaux, de s'en approprier les enjeux et les priorités. Elle donne aussi confiance aux collaborateurs concernés par le handicap, qui hésitent moins à en parler ».

Un accord handicap est généralement conclu pour trois ans, renouvelables, mais il est possible de le conclure pour une période supérieure. C'est le cas par exemple d'EDF, de la SNCF ou de Malakoff Médéric, qui, après un ou plusieurs accords, se sont engagés sur quatre ans.

Les contenus de l'accord sont négociés avec les partenaires sociaux et agréés par l'administration. Sous réserve de cet agrément, l'entreprise conduit et auto-finance sa propre politique handicap.

Les implications d'un accord d'entreprise libératoire sont les suivantes :

- l'entreprise s'engage sur un nombre de recrutements de personnes handicapées et sur un programme d'action, organisé autour de grands axes : formation, collaboration avec le secteur adapté, maintien dans l'emploi par exemple ;

- elle ne verse plus de contribution à l'Agefiph, d'où l'appellation d'accord libératoire ou exonératoire, mais elle n'est de ce fait plus éligible à la majorité des aides de celle-ci ;

- elle gère directement le montant de cette contribution pour financer les actions définies et budgétées dans l'accord ;

- elle rend compte régulièrement aux partenaires sociaux : plusieurs fois au cours de l'année dans le cadre de la commission de suivi de l'accord et annuellement, en présentant le bilan quantitatif et qualitatif des actions menées et des résultats obtenus ;

- elle rend compte à l'administration en communiquant chaque année à sa direction du travail un point annuel de l'application de l'accord et, en fin d'accord, un bilan global, dit « pré-bilan », de la période couverte par l'accord.

Le mode de calcul du budget Mission Handicap : l'impact de la péréquation

Pour calculer le budget de la Mission Handicap, les entreprises sous accord peuvent choisir d'opter ou non pour la péréquation.

Rappelons qu'un accord implique pour l'entreprise de consacrer au financement de son programme d'action l'équivalent de ce qu'elle aurait payé à l'Agefiph.

Sans péréquation, le budget de la Mission Handicap est constitué par la somme des contributions de chaque établissement.

Avec péréquation, le budget correspond à ce qu'aurait payé l'entreprise comme une entité à part entière.

La péréquation est un choix laissé au groupe ou à l'entreprise, qui en apprécie l'intérêt au regard de ses besoins en matière de financement de sa politique handicap.

Que faire figurer dans un accord handicap ?

Les contenus d'un accord handicap sont relativement bien encadrés par les textes. La référence la plus connue est le guide méthodologique édité par la DGEFP en juin 2009.

L'agrément suppose que l'accord comporte :

- un état des lieux préalable[1] ;
- un plan d'embauche avec des engagements de recrutement quantifiés ;
- un programme annuel ou pluriannuel prévoyant, en sus du plan d'embauche, au moins deux des actions suivantes : un plan d'insertion et de formation, un plan d'adaptation aux mutations technologiques[2], un plan de maintien dans l'emploi en cas de licenciement ;
- une pesée financière ;
- une structure de pilotage et d'animation de la politique handicap.

Si ces différents éléments sont incontournables, l'entreprise dispose toutefois d'une certaine souplesse pour construire son accord en fonction de ses priorités. À titre d'exemple, l'entreprise peut choisir de mettre l'accent sur le maintien dans l'emploi compte tenu d'une population vieillissante et de l'existence de problématiques de santé (restrictions d'aptitude, postes fortement sollicitant…). Elle peut aussi ajouter d'autres engagements à ceux retenus dans le guide méthodologique, comme des mesures d'accompagnement individuel à destination des salariés handicapés en poste.

Budget handicap et pesée financière : points de vigilance

Par pesée financière, on entend le budget prévisionnel établi pour la durée de l'accord et qui détaille, pour les différents objectifs et actions prévus, les coûts en résultant.

---

1. Voir chapitre 5 « Le diagnostic, pourquoi ? comment ? » p. 43.
2. Le plan d'adaptation aux mutations technologiques doit permettre aux bénéficiaires de l'OETH salariés de l'entreprise ou en cours de recrutement, de s'adapter aux évolutions technologiques envisagées ou réalisées.

Pour calculer le budget prévisionnel de l'accord, l'entreprise doit se fonder sur le montant de la contribution versée à l'Agefiph en année N − 1[a].

Le budget de l'accord doit correspondre *a minima* au montant de la contribution qui aurait dû être versée à l'Agefiph en l'absence d'accord.

Le budget prévisionnel de l'accord est fongible d'une année sur l'autre pendant la durée de l'accord : les sommes non dépensées une année peuvent l'être l'année suivante. La fongibilité peut également se faire entre les différentes actions de l'accord, afin de conserver une certaine souplesse dans la mise en œuvre du programme d'action.

Sont imputables au budget de l'accord les frais liés à la mise en œuvre du programme d'action, mais aussi les frais de structure (fonctionnement de la Mission Handicap) et ce dans la limite de 20 % du budget global de l'accord.

Ne sont pas imputables au budget de l'accord :
- les salaires versés aux travailleurs handicapés ;
- les actions de formation qui entrent dans le plan de formation général de l'entreprise ;
- les sommes versées aux structures du secteur adapté en règlement d'une prestation de service ou d'une vente de produit.

a. Art. D. 5212-28 et D. 5212-29 du Code du travail.

Comment obtenir l'agrément de l'administration ?

C'est à la condition d'avoir pu obtenir cet agrément que l'entreprise est exonérée de la contribution due à l'Agefiph. C'est dire l'importance de son obtention !

Dans cette perspective, il est fortement recommandé d'échanger régulièrement avec l'autorité administrative qui agrée l'accord, parallèlement à la négociation avec les organisations syndicales. En effet, même si la négociation est menée entre l'employeur et les organisations syndicales et même si le contenu de l'accord résulte de l'équilibre auquel sont arrivés les négociateurs, la décision finale d'agrément relève du pouvoir de l'administration. Celle-ci examine les engagements de l'accord, au regard notamment de la situation de l'entreprise et de la progression du nombre de personnes handicapées recrutées. Il peut arriver qu'elle conditionne son agrément à la présence de certains engagements (par exemple, un nombre d'embauches plus ambitieux que celui qui est proposé ou encore une répartition différente de la pesée financière…).

Ce travail préparatoire réalisé, l'accord handicap est soumis, avant agrément, à l'avis de la commission départementale de l'emploi et de l'insertion (CODEI)[1]. Dans nombre de cas, l'entreprise est entendue par la commission mais, si tel n'était pas le cas, l'entreprise peut demander à l'être.

L'accord est agréé pour une durée limitée et ne peut, en aucun cas, être renouvelé par tacite reconduction. Une absence de réponse de la part de l'administration dans un délai de deux mois (qui ne court que lorsque le dossier fourni est complet) équivaut à une décision implicite de rejet.

Questions/réponses

Quels sont les effets d'un accord non agréé par l'administration ? Un accord non agréé garde la valeur juridique d'un accord collectif de droit commun, sauf s'il contient une clause suspensive dépendant de l'agrément. En revanche, il ne vaut pas exécution de l'obligation d'emploi et l'entreprise devra donc avoir recours à une autre modalité d'exécution : emploi direct, sous-traitance à des entreprises adaptées ou des Esat, accueil de stagiaires handicapés au titre de la formation professionnelle ou versement d'une contribution compensatrice à l'Agefiph.

Qu'advient-il si, en fin d'accord, l'entreprise n'a pas respecté ses engagements ? En cas de manquement avéré, une pénalité administrative est appliquée. Cette pénalité est calculée pour chaque année de l'accord selon les règles fixées par les articles L. 5212-12 et D. 5212-19 à D. 5212-29 du Code du travail. Elle est égale à 1 500 fois le SMIC horaire par bénéficiaire non employé, majorée de 25 %, mais peut être minorée si l'autorité administrative constate des réalisations partielles de l'accord.

L'entreprise a-t-elle des recours possibles en cas de refus d'agrément ? La plupart des accords handicap prévoient une clause suspensive indiquant qu'en cas de non-agrément par l'autorité

---

1. Commission composée de la direction départementale du travail, des représentants des employeurs et des syndicats de salariés.

administrative compétente, l'accord est réputé nul et non avenu. En tout état de cause, l'entreprise peut faire un recours gracieux auprès du signataire de la décision de refus, un recours hiérarchique auprès du ministre chargé de l'Emploi et/ou un recours contentieux devant le tribunal administratif.

Quelle est l'autorité administrative compétente pour donner son agrément ? C'est effectivement une question à se poser dès l'engagement des discussions avec les partenaires sociaux. Selon le cas de figure, l'autorité administrative compétente sera différente.

Type d'accord	Qui l'agrée ?
L'accord de branche.	Le ministre chargé de l'Emploi (Direction générale du travail).
L'accord de groupe d'entreprises situées dans plusieurs départements.	Le préfet du département (Direccte) où est situé le siège de l'entreprise mandatée pour représenter le groupe ou, à défaut, le préfet du département (Direccte) où est situé le siège de l'entreprise qui est dominante dans le périmètre du groupe.
L'accord d'entreprise concernant des établissements situés dans plusieurs départements.	Le préfet du département (Direccte) où est situé le siège de l'entreprise.

Les entreprises sous accord libératoire doivent-elles continuer à renseigner chaque année leur déclaration obligatoire d'emploi des travailleurs handicapés (DOETH) ? L'accord ne dispense pas de la DOETH[1]. Lorsqu'un accord d'entreprise concerne plusieurs établissements, situés dans des départements différents, l'entreprise doit transmettre une déclaration annuelle globale à la Direccte du département du siège de l'entreprise. En outre, chaque établissement est tenu d'envoyer sa DOETH à la Direccte dont il relève.

---

1. Art R. 5212-12 du Code du travail.

Conclure une convention avec l'Agefiph

Comme l'accord, la convention Agefiph est une forme de contractualisation qui vient officialiser et donner un cadre à l'engagement de l'entreprise. Son périmètre peut être régional ou national. Comme l'accord également, la convention permet à l'entreprise de mettre en œuvre et de financer, en partie, sa politique handicap. En revanche, son fonctionnement et ses implications diffèrent.

Les implications pour l'entreprise

- La convention est signée uniquement par la direction (lorsqu'il s'agit d'une entreprise) et l'Agefiph.

- Si les partenaires sociaux n'entrent pas à proprement parler dans le processus de négociation, leur avis est néanmoins sollicité.

- Depuis 2011, sa durée est de vingt-quatre mois, non renouvelables.

- L'entreprise s'engage sur des objectifs et un programme d'action définis conjointement avec l'Agefiph, après une phase de diagnostic.

- L'entreprise reçoit une subvention de l'Agefiph, qui contribue ainsi à la concrétisation du programme d'action.

- La convention ne libère pas de l'obligation d'emploi : si l'entreprise n'atteint pas le taux de 6 %, la contribution à verser à l'Agefiph reste due.

- L'entreprise reste éligible aux aides classiques de l'Agefiph[1] (prime à l'insertion, maintien dans l'emploi…).

Que faire figurer dans la convention ?

Le contenu de la convention est très dépendant des résultats du diagnostic préalable. Car au-delà d'une analyse des données chiffrées, le diagnostic permet d'identifier les besoins et les potentiels de l'entreprise ainsi que les freins et leviers, dans la perspective du déploiement de la politique handicap. Le contenu de la convention est déterminé en fonction de toutes ces données.

---

1. Pour en savoir plus, voir le site de l'Agefiph, agefiph.fr.

© Groupe Eyrolles

Depuis 2012, la convention Agefiph implique pour l'entreprise de s'engager sur six axes :

- la sensibilisation et la formation ;
- l'information et la communication ;
- le recrutement et l'intégration ;
- l'accompagnement des parcours professionnels ;
- le maintien dans l'emploi ;
- la collaboration avec les secteurs protégé et adapté.

Témoignage

« … les maîtres mots sont impulsion et pérennisation… »

Sylvain GACHET, directeur grands comptes à l'Agefiph

« Pour parler de politique d'emploi, j'aime prendre l'image d'une fusée à trois étages : on trouverait d'abord le diagnostic conseil, aidant l'entreprise à décoller, puis la convention, lui permettant d'échapper à « l'attraction terrestre », enfin l'accord agréé, la mettant en orbite !

Dans une convention, les maîtres mots sont impulsion et pérennisation de la politique d'emploi des travailleurs handicapés.

Dans cette logique, la création d'une Mission Handicap, soutenue par la direction générale, et le déploiement d'une Politique Handicap pensée comme un projet à part entière, sont incontournables… Il importe d'impliquer les acteurs, notamment les managers de proximité et les partenaires sociaux, pour ne citer qu'eux, mais aussi de les professionnaliser pour qu'ils soient en capacité de contribuer aux actions… L'Agefiph soutient les conventions qui prévoient d'activer simultanément tous ces leviers, estimant que "l'on avance en marchant".

Selon nous, pour être efficace, la politique d'emploi doit s'intégrer dans la stratégie de l'entreprise, en particulier sur les aspects de non-discrimination, de diversité, de RSE et bien sûr de ressources humaines, mais aussi dans sa politique globale en général. Nous attendons par exemple qu'une entreprise engagée sur les questions d'accessibilité dans ses produits, décline sa démarche pour ses clients, mais aussi pour ses propres collaborateurs : c'est une question de cohérence.

…/…

Le principe d'une convention de deux ans, non renouvelable, vise à amener l'entreprise à se donner les moyens d'une politique d'emploi de travailleurs handicapés durable et "sur-mesure", au plus près de sa réalité socio-économique, culturelle et organisationnelle.

En résumé, la convention, si elle vise d'abord à permettre de satisfaire à l'obligation d'emploi, pose surtout les bases d'une politique d'emploi des personnes handicapées durable et, *in fine*, génératrice de performance sociale et économique. »

ACCORD OU CONVENTION, QUE CHOISIR ?

Accord ou convention : principales différences

	Accord exonératoire	Convention
Les négociateurs	La direction de l'entreprise, les partenaires sociaux et l'administration.	L'entreprise et l'Agefiph. Les partenaires sociaux ne prennent pas de part active aux négociations. Leur avis est toutefois souhaité.
La temporalité	Généralement 3 ans, renouvelables.	La convention est généralement conclue pour 24 mois, non renouvelables.
L'impact sur la contribution Agefiph	L'entreprise ne verse plus sa contribution à l'Agefiph. Elle doit en revanche consacrer l'équivalent de cette contribution au financement de sa politique handicap.	L'entreprise continue de régler la contribution si elle n'atteint pas le taux de 6 %.
L'impact sur les aides de l'Agefiph	L'entreprise perd la possibilité de recourir à la majorité des aides de l'Agefiph[a].	L'entreprise reste éligible aux aides de l'Agefiph.

	Accord exonératoire	**Convention**
Le financement de la politique handicap	Le programme d'action est financé avec le montant que l'entreprise aurait versé à l'Agefiph en l'absence d'accord. Les dépenses réalisées font partie des informations devant être produites à la Direccte et aux partenaires sociaux dans le cadre des bilans annuels.	Le financement est convenu avec l'Agefiph. Il est en relation avec les contenus définis dans la convention et la taille de l'entreprise. Il est soumis à un rapport quantitatif, qualitatif et financier de la démarche.
Les contenus	Il comporte obligatoirement un plan d'embauche avec des objectifs quantifiés ainsi qu'au moins deux des plans suivants : • insertion et formation ; • adaptation aux mutations technologiques ; • maintien dans l'emploi en cas d'inaptitude. Il peut porter aussi sur d'autres axes, tels que la collaboration avec le secteur adapté, la communication/sensibilisation.	Les contenus sont élaborés avec l'Agefiph, en lien avec les résultats du diagnostic réalisé préalablement. Six axes sont désormais prioritaires : • la sensibilisation et la formation ; • l'information et la communication ; • le recrutement et l'intégration ; • l'accompagnement des parcours professionnels ; • le maintien dans l'emploi ; • la collaboration avec les secteurs protégé et adapté.
Le suivi	L'accord fait l'objet d'un bilan annuel à la Direccte et aux partenaires sociaux constitués en une Commission de suivi dédiée.	Des bilans et un suivi régulier des actions et des résultats obtenus sont à produire auprès de l'Agefiph.
La question de la péréquation	L'entreprise peut choisir d'opter ou non pour la péréquation[b].	La convention ne modifie pas le mode de calcul de l'obligation d'emploi qui s'applique aux établissements d'au moins 20 salariés ETP.

a. Pour connaître toutes les aides de l'Agefiph : *agefiph.fr*.
b. Cf. § « Conclure un accord exonératoire », encadré sur la péréquation, p. 56.

Quels paramètres prendre en compte pour choisir ?

La capacité de l'entreprise à s'engager sur des recrutements de personnes en situation de handicap

C'est là une exigence incontournable de l'accord. Ajoutons qu'avec le développement des accords depuis ces dernières années, les attentes des Direccte en la matière sont de plus en plus prégnantes. C'est pour évaluer cette capacité de l'entreprise à s'engager sur des recrutements que l'on procède, lors de la phase de diagnostic, à la mise en perspective des profils recherchés avec ceux des demandeurs d'emploi en situation de handicap sur le bassin d'emploi concerné. C'est aussi la raison pour laquelle on aborde la question de la gestion prévisionnelle des emplois et des compétences (GPEC) de l'entreprise ainsi que ses perspectives socio-économiques. Si l'entreprise ne se sent pas en capacité de s'engager sur le recrutement, la formule de l'accord est automatiquement à écarter.

L'enjeu financier

Il convient de considérer le montant de la contribution libératoire de l'entreprise et les aides qu'elle perçoit, ou pourrait percevoir, de l'Agefiph. Rappelons qu'une entreprise sous accord n'est plus éligible aux aides de l'Agefiph. Ce n'est pas le cas pour la convention. Ainsi, une entreprise dont la contribution est « minime » et qui a l'habitude de recourir aux aides de l'Agefiph pourrait avoir intérêt à se tourner plutôt vers la signature d'une convention… sous réserve des autres paramètres évoqués dans ce chapitre. La convention lui permettrait de financer la mise en place de sa politique handicap tout en continuant de bénéficier des aides financières et techniques de l'Agefiph (primes à l'insertion ou maintien dans l'emploi, accompagnement des Sameth[1] dans le cadre du maintien dans l'emploi d'un collaborateur en difficulté de santé au travail, par exemple). À l'inverse, une entreprise réalisant peu d'actions susceptibles d'ouvrir droit à des aides Agefiph (recrutement ou

---

1. Service d'appui au maintien dans l'emploi des travailleurs handicapés proposé par l'Agefiph.

maintien dans l'emploi, par exemple) et dont la contribution serait importante, aurait intérêt d'un point de vue strictement financier à opter pour l'accord.

Le budget Mission Handicap

Pour mettre en œuvre son programme d'actions, la Mission Handicap dispose d'un budget qui lui est propre. Ce budget diffère selon la forme contractuelle que l'entreprise aura choisie pour sa Politique Handicap.

- Les entreprises ayant conclu un accord Handicap libératoire disposent, pour financer leur programme d'actions, de la somme théoriquement due à l'Agefiph[a]. Elles doivent d'ailleurs, dans leur accord, déterminer une « pesée financière », autrement dit un budget prévisionnel des dépenses qu'elles engageront sur les années couvertes par l'accord. Ce que l'entreprise peut ou non imputer au budget obéit à des règles spécifiques. A titre d'exemple, l'entreprise peut imputer au budget des frais de pilotage de la Politique Handicap – une partie du salaire du chargé de Mission Handicap le plus souvent – à hauteur de 20% du montant global du budget. A contrario, l'imputation sur le budget de la Mission Handicap des sommes versées aux structures du milieu protégé en paiement de la réalisation d'un contrat est prohibée. Au final, « *la pesée financière de l'accord doit donc être a minima d'un montant égal à celui de la contribution qui aurait dû être versée à l'Agefiph si l'accord n'avait pas été conclu*[b] ».

- Dans le cadre d'une convention, l'entreprise prédétermine avec l'Agefiph ce que couvre la subvention attribuée : intervention d'un consultant, réalisation de supports de communication, etc. Le montant du budget alloué et ses modalités d'utilisation sont définis en amont avec l'Agefiph et figurent dans la convention. A retenir : généralement, la subvention de l'Agefiph ne finance pas intégralement le projet, l'Agefiph tenant à ce qu'une partie des dépenses soit assumée directement par l'entreprise. On notera également que les Missions Handicap sous convention Agefiph peuvent en sus de la subvention de l'Agefiph continuer de recourir au dispositif de déductibilité de certaines dépenses de la contribution libératoire[c].

a. L'entreprise ne verse plus de contribution à l'Agefiph, d'où l'appellation d'accord libératoire, et gère directement cette contribution pour financer les actions définies et budgétées dans l'accord.

b. Les accords en faveur de l'emploi des Travailleurs Handicapés – guide méthodologique édité par la DGEFP en juin 2009

c. Depuis la loi Handicap 2005, l'entreprise peut déduire du montant de sa contribution certaines dépenses favorisant l'emploi de personnes handicapées à hauteur de 10% de la contribution. Voir encadré « Les dépenses déductibles de la contribution » p. 28 (contexte légal)

Le dialogue social

L'accord nécessite pour l'entreprise d'engager une négociation avec les partenaires sociaux sur un plan d'action définissant de façon précise des objectifs et des moyens. Vu sous cet angle, l'accord peut être perçu comme étant plus lourd que la convention Agefiph, même si, depuis 2011, les entreprises doivent prendre l'avis des partenaires sociaux sur le projet de convention.

Par ailleurs, si aujourd'hui les centrales syndicales affichent pour la plupart d'entre elles une démarche proactive sur le handicap, les attentes sur le terrain ne sont pas toujours aussi flagrantes. Sans être « contre », les partenaires sociaux peuvent privilégier d'autres sujets, comme les salaires ou les conditions de travail. Ainsi, en fonction des attentes des partenaires sociaux sur le sujet et de la stratégie de la direction des relations sociales, l'entreprise peut choisir de ne pas négocier sur le sujet… ou au contraire mettre en avant la négociation d'un accord handicap pour mobiliser et fédérer autour d'un sujet consensuel.

Témoignage

« La convention, une expérience indispensable pour acquérir la maturité et la structure projet nécessaires… »

Cristelle JACQ, responsable recrutement et diversité, Assystem France/ Assystem E&OS

« En 2006, nous avons lancé un diagnostic conseil pour l'emploi des travailleurs handicapés au sein de l'entreprise, précurseurs en cela dans le domaine de l'ingénierie et des prestations de services.

Nous avons suivi l'une des recommandations en sollicitant l'Agefiph pour une première convention courant 2007, appliquée au périmètre d'une entité pilote[1] de cinq cents personnes dans le secteur porteur de l'énergie, en mettant l'accent sur la sensibilisation des collaborateurs. L'Agefiph nous a vraiment accompagnés et conseillés sur le fond. Grâce à l'appui de la direction générale, au soutien d'un membre du Comex et de managers réceptifs à la démarche, nous avons dépassé les objectifs de recrutement et reçu un certain nombre de déclarations spontanées de personnes en poste.

…/…

---

1. Bureaux d'études (sans mobilité géographique) et métiers d'ingénieurs.

Fin 2008, nous avons obtenu une deuxième convention, étendue à Assystem France et près de cinq mille personnes, avec de nouveau les quatre axes de travail : recrutement, sensibilisation, maintien dans l'emploi et secteur adapté. Nous avons continué d'embaucher, notamment des personnes handicapées de niveau bac + 5, mettant ainsi à mal nombre de préjugés… Du fait d'une réorganisation – fin 2009 – de l'entreprise en deux pôles, nous avons dû interrompre les négociations entamées avec nos partenaires sociaux en vue de la signature d'un accord d'entreprise et nos interlocuteurs à l'Agefiph, conscients de ce contexte, nous ont alors accordé une troisième convention, pour deux ans, arrivée à terme en avril 2012[1].

Forts de cette expérience, indispensable pour acquérir la maturité et dimensionner la structure projet, nécessaires conditions à la réussite d'une telle politique, nous venons d'entamer de nouvelles négociations, avec pour objectif de parvenir à un accord signé d'ici la fin de l'année. »

---

1. Entre 2006 et 2011, le taux d'emploi TH d'Assystem France est passé de 0,8 % à 1,9 %, alors que le taux moyen dans ce secteur est de 0,5 %.

Chapitre 7

Les points clés

Faire évoluer durablement les mentalités et les pratiques face au handicap, ancrer l'emploi des personnes handicapées dans la culture de l'entreprise : c'est le challenge de la politique handicap. Son succès et sa pérennité reposent sur six points clés : le soutien actif de la direction, la création d'une mission dédiée, l'implication de la ligne managériale, la sensibilisation des équipes, un plan de communication et un dispositif d'évaluation.

L'ENGAGEMENT DE LA DIRECTION GÉNÉRALE

Déployer une politique en faveur des personnes handicapées, c'est pour l'entreprise s'engager dans un projet de changement. Autrement dit, l'enjeu est de faire évoluer durablement les comportements et la vision qu'ont les acteurs du handicap.

À ce titre, le soutien de la direction générale est essentiel. Dans la mesure où une organisation est naturellement réfractaire aux changements, ceux-ci interviennent souvent, peu ou prou, sous la contrainte : un contexte économique se traduisant par la nécessité d'une restructuration, par exemple. Or, pour que le changement prenne vie, il doit être vécu comme légitime et possible. C'est principalement pour ces raisons que le soutien de la DG et des instances dirigeantes est important. Car au-delà de la contrainte légale, ce sont elles qui incarnent et portent les projets de l'entreprise.

Par ailleurs, l'importance de l'implication des plus hauts niveaux de l'entreprise est liée à la thématique du handicap en elle-même. Le handicap est un sujet encore tabou, qui renvoie à des notions dérangeantes : la maladie, la différence, la faiblesse, la mort. Lors d'enquêtes réalisées en entreprise, le *verbatim* est généralement « politiquement correct », et l'on préfère souvent faire preuve de commisération à l'égard d'une population considérée « différente » : c'est consciemment ou non une façon d'établir mentalement une frontière étanche entre valides et handicapés et de ne pas se sentir soi-même concerné ! En outre, le handicap est un sujet méconnu, qui souffre de stéréotypes, particulièrement dans le monde du travail : le cliché du fauteuil roulant comme représentatif du handicap ou l'idée trop courante que le handicap n'est pas compatible avec la productivité attendue en entreprise, en sont les exemples emblématiques. Nombreux sont donc ceux qui estiment qu'une politique handicap n'a pas sa place dans l'entreprise et dans le contexte économique concurrentiel qui est le nôtre. C'est pour éviter ces faux-fuyants qu'une volonté affirmée au niveau de la DG est indispensable à la mise en mouvement des acteurs.

L'implication de la DG est essentielle aux moments clés de la démarche : pour impulser le lancement, à l'occasion de la signature ou du renouvellement de l'accord ou de la convention, ou pour légitimer la création de la Mission Handicap. Puis régulièrement, il conviendra de réaffirmer la volonté de l'entreprise et son engagement : assurément auprès de la ligne managériale – ainsi la mise en place d'un point handicap en comité de direction constituera-t-elle un signe fort, mais aussi vis-à-vis de l'ensemble des collaborateurs, via un courrier annuel, un éditorial sur l'intranet ou encore une intervention lors d'un événement interne. L'objectif est de rappeler que l'engagement en faveur de l'emploi des personnes handicapées est bien celui de l'entreprise, à tous les niveaux, et non le projet d'un seul homme – le chargé de Mission Handicap – ou d'un seul service – la DRH.

La DG doit être prête à apporter ouvertement et concrètement son soutien au chargé de Mission Handicap. À titre d'exemple, il est arrivé qu'une DG intervienne au niveau de la politique d'achat pour que soit intégré, sur certains marchés, l'appel à des structures adaptées ; ou qu'une autre décide que la participation aux sessions de sensibilisation sera obligatoire pour les publics cibles et non basée sur le volontariat.

Enfin, c'est la DG qui sera le plus à même de valoriser à l'externe l'engagement citoyen de l'entreprise, l'ouverture à la diversité et la prise en compte de sa responsabilité sociale.

PILOTER LA DÉMARCHE

Si le soutien de la direction générale et des instances dirigeantes est une condition nécessaire, elle n'est toutefois pas suffisante. Comme pour tout projet d'entreprise, il faut un chef de projet, plus généralement identifié sous le terme de chargé de Mission Handicap.

Qui est le chargé de Mission Handicap ? Quel est son rôle ? Quel doit être son positionnement ? Sur quels critères le choisir ? Les entreprises qui se sont orientées vers la mise en place d'un chargé de Mission Handicap se sont toutes posé ces questions.

On notera d'abord que la profession s'est développée au fil des années. Hier inconnue, elle fait l'objet aujourd'hui de formations spécifiques délivrées par le Cnam (Conservatoire national des arts et métiers) ou encore des cabinets privés : « piloter la Mission Handicap, mode d'emploi », « animer, coordonner et piloter une politique d'emploi en faveur des personnes handicapées »… Signe des temps également, la parution du *Guide du chargé de Mission Handicap*[1] ou encore le développement du club Être, qui compte aujourd'hui plus de deux cent trente chargés de Mission Handicap.

Son rôle diffère selon la taille et l'organisation de l'entreprise, mais aussi en fonction du stade d'avancement du projet. On retiendra que le chargé de Mission Handicap est celui qui donne corps à la politique handicap. Il construit et suit la réalisation du programme d'action et est à ce titre garant des résultats de la politique handicap. Il doit souvent mettre en place et animer un réseau de « relais » ou de « référents ». En véritable « chef d'orchestre », il coordonne les différents acteurs internes, conseille les opérationnels, dialogue avec les partenaires sociaux. Il doit fédérer et amener à travailler ensemble des acteurs qui présentent des expertises, des objectifs et

© Groupe Eyrolles

---

1. Ce guide a été réalisé par la revue *Être* en collaboration avec l'Agefiph et le FIPHFP.

des logiques bien différents : encadrement, médecins du travail, Instances représentatives de personnel (IRP)…

En termes de profil, le chargé de Mission Handicap a besoin d'avoir une expertise technique sur le contexte juridique, le fonctionnement des structures spécialisées, les aides mobilisables… Mais sa mission est d'abord de savoir piloter une démarche de changement et faire du projet Handicap un projet d'entreprise partagé.

Sur quels critères choisir le chargé de Mission Handicap ? Doit-il être volontaire ? C'est préférable mais pas incontournable – qui peut se targuer de toujours choisir les projets que l'entreprise lui confie ?

Doit-il avoir travaillé sur le handicap auparavant ? Ce n'est pas non plus un prérequis car l'expertise technique s'acquiert. Un chargé de Mission Handicap ayant piloté préalablement le déploiement d'une nouvelle organisation peut tout aussi bien être l'homme ou la femme de la situation : il aura déjà appris à faire travailler des personnes d'horizons différents, à convaincre, à suivre un programme d'action…

Faut-il qu'il soit lui-même concerné par le handicap ? Ce n'est certes ni un critère, ni un obstacle : tout dépendra de la façon dont la personne vit et utilise son handicap dans le cadre du projet.

Au final, le critère de choix incontournable est celui de la légitimité. Le parcours et le positionnement du chargé de Mission Handicap dans l'organigramme doivent lui permettre d'être entendu par la direction mais également par les individus et les services qui auront un rôle à jouer dans la politique handicap : recruteurs, managers, services achats – s'agissant de la collaboration avec le secteur adapté… c'est à cette condition que le chargé de Mission Handicap pourra pleinement assurer son rôle de chef de projet.

Témoignage

« … il est important d'avoir la capacité à mener ce qui est un véritable projet… »

Patricia MARIAGE, chargée de mission handicap EDF

« Plusieurs mots me viennent d'emblée à l'esprit : d'abord la polyvalence. C'est un métier très riche et aux activités diversifiées : il vaut

...../...

mieux aimer passer d'un sujet à l'autre ! La thématique du handicap en elle-même peut s'apprendre, ainsi que l'aspect "technique", et je conseillerais aux novices de suivre une formation spécifique dès le départ. C'est l'occasion de rencontrer des homologues et de partager les expériences, les questions et les bonnes pratiques. Cela permet de découvrir les ressources, les réseaux, le maillage existant… Mais on apprend aussi – et vite – "sur le tas" !

Sur la base de mon expérience, j'ajouterais qu'il est important d'avoir la capacité à mener ce qui est un véritable projet, à piloter un plan d'action et à animer un réseau : en un mot, à conduire le changement. De même qu'il est important de savoir prendre du recul : on risque en effet de se noyer dans les mille et une tâches quotidiennes.

Vis-à-vis des différents interlocuteurs, internes comme externes, il faut bien sûr être crédible. Pour moi, cette légitimité vient notamment du soutien du management à la démarche.

Au plan des qualités personnelles, je recommanderais la persévérance, le talent de convaincre, la disponibilité, l'écoute… et la rigueur, particulièrement nécessaire pour suivre les aspects budgétaires.

Localement, je dirais aussi que les correspondants Handicap doivent certes être en mesure de décliner et concevoir un plan d'action, mais aussi et surtout être attentifs aux personnes reconnues « travailleur handicapé ». Savoir inspirer la confiance… et trouver les réponses. »

Le chargé de Mission Handicap : un chef d'orchestre

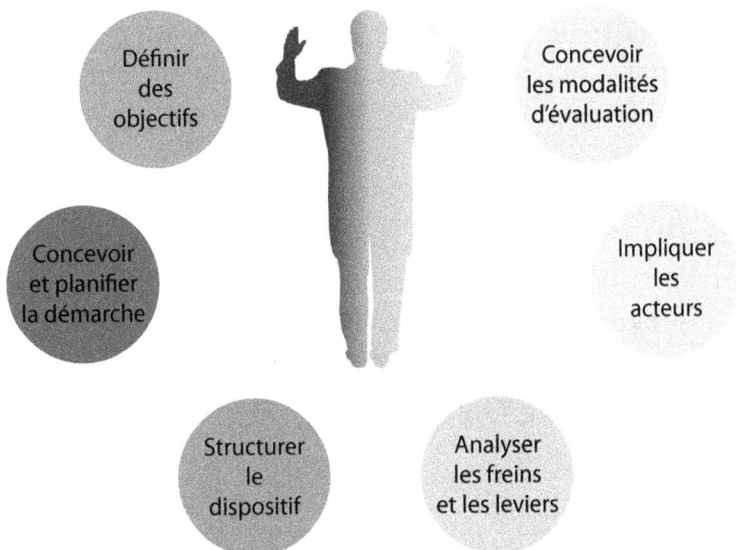

Définir des objectifs

Concevoir les modalités d'évaluation

Concevoir et planifier la démarche

Impliquer les acteurs

Structurer le dispositif

Analyser les freins et les leviers

IMPLIQUER LA LIGNE MANAGÉRIALE

Pour que la démarche soit efficace, elle doit nécessairement être relayée et mise en action sur le terrain par les managers : elle ne peut reposer, à terme, sur les épaules du seul chargé de Mission Handicap.

À ce titre, il est indispensable d'informer, de convaincre, de responsabiliser et d'outiller les managers : ils doivent connaître les objectifs et les implications du projet au niveau de l'entreprise, identifier clairement le rôle que l'on attend d'eux et disposer des moyens nécessaires pour mener à bien cet aspect de leur mission.

La première étape est bien de *convaincre la ligne managériale* que la démarche est légitime (c'est-à-dire juste et justifiée) et possible (c'est-à-dire réaliste « en dépit » des exigences de performance, des contraintes des métiers…).

Il faut aussi les motiver sur la base des résultats obtenus. Mais pour valoriser ces résultats, encore faut-il s'être donné les moyens de les mesurer ! C'est l'une des raisons pour lesquelles l'évaluation et la mise en place d'indicateurs permettant de mesurer la progression de l'entreprise sont importantes, et ce dès le lancement du projet[1].

Il faut aussi *responsabiliser les acteurs* : en déclinant les objectifs de recrutement par établissement ou par service et en évaluant les résultats atteints[2]. Introduire dans le système d'évaluation des managers des indicateurs relatifs à la politique handicap est une mesure d'une efficacité reconnue. Sur un tout autre thème, c'est cette idée que l'on retrouve chez France Télécom par rapport à la problématique stress/risques psychosociaux (RPS) : de nouveaux indicateurs, relatifs au management d'équipe, ont été introduits dans le système d'évaluation.

Enfin, pour que la politique handicap soit relayée sur le terrain, il est indispensable que les managers s'approprient et puissent faire vivre la démarche : il faut *les aider, les accompagner et les outiller.* Ainsi peut-on concevoir à leur intention des guides pratiques :

---

1. Voir le paragraphe « Évaluer pour évoluer », p. 88.
2. Voir chapitre 8 « Recruter et intégrer », p. 95.

« Comment recruter une personne handicapée ? » ou : « Comment maintenir dans l'emploi un collaborateur en difficulté de santé au travail ? » Mais ce sont tout particulièrement des formations en atelier sur des thèmes précis, des mises en situation, des études de cas concrets, qui vont permettre d'aller plus loin dans les savoir-faire et les savoir-être.

Témoignage

« Associer les managers à la conception du guide était une bonne façon de les impliquer et d'être au plus près de leurs attentes »

Laurent THÉVENET, responsable de la mission handicap et emploi de la SNCF

« La SNCF est engagée depuis vingt ans en faveur de l'emploi des personnes handicapées. Pourtant, nous butons encore sur des résistances et des inquiétudes, liées avant tout à la méconnaissance du sujet. Nous avons choisi de cibler les managers car leur implication est primordiale. Ce sont eux qui contribuent au quotidien à faire évoluer les regards, modifier les représentations, changer les mentalités. Comment ? En informant et sensibilisant leur équipe mais aussi en démontrant par l'exemple que l'on peut, avec succès, intégrer ou maintenir dans l'emploi une personne handicapée au sein d'une équipe. Pour guider les managers dans leurs missions, nous avons réalisé plusieurs supports : un guide, un film et un courrier du DRH incitant les directeurs d'établissement à utiliser ces supports lors des réunions regroupant les managers. Aborder le sujet sans tabou est déjà un pas en avant !

En ce qui concerne le guide, nous avons retenu l'idée des « questions/réponses ». Des questions simples, factuelles, qui appellent des réponses claires et opérationnelles sur différents thèmes : recrutement, intégration, maintien dans l'emploi, aménagements de poste, management et suivi de l'évolution professionnelle. Par exemple : « Quelles sont les étapes préalables au recrutement d'un travailleur handicapé ? », « Faut-il communiquer sur le handicap de la personne en direction de ses futurs collègues, et comment ? » ou encore « comment préparer le retour d'un agent absent depuis longtemps pour maladie ? »

L'idée a été d'associer les managers dans la conception de l'outil pour les impliquer et pour être au plus près de leurs attentes. Nous avons créé un groupe de travail constitué de six managers, choisis

…/…

parmi les différents métiers de l'entreprise. À partir d'une grille de questionnement, les participants ont d'abord réfléchi aux questions qui semblaient se poser le plus fréquemment à eux et à leurs collègues. Ensuite chaque question a été examinée collégialement et a fait l'objet d'une réponse consensuelle. L'accueil du guide par les managers ainsi que du film présentant des témoignages d'insertions réussies, a été positif : « Enfin des réponses concrètes ! » Les correspondants TH ont été invités lors des débats qui ont suivi la diffusion du film et la remise du guide. D'autres questions/réponses ont été diffusées par le biais du portail managers de l'intranet.

Sans doute avons-nous gagné, par cette communication répondant aux besoins exprimés des managers, une légitimité d'action en nous positionnant en offre et en conseil auprès de ceux-ci. Aujourd'hui, recruter, accueillir, maintenir dans l'emploi des agents handicapés est partie intégrante du métier de dirigeant. Ces premiers outils ont permis ensuite d'aller plus loin, comme l'intégration de la notion de performance sociale dans les objectifs annuels des managers. »

SENSIBILISER LES COLLABORATEURS

La sensibilisation des collaborateurs est le prérequis pour déployer une politique handicap, parce que le handicap souffre encore de clichés et de préjugés défavorables à l'intégration des personnes handicapées dans le monde du travail. Par exemple, les personnes handicapées seraient courageuses et sympathiques, certes, mais improductives et peu compétentes : difficile donc d'imaginer recruter des collaborateurs handicapés dans une entreprise basée sur la culture de la performance et du résultat !

Des stéréotypes et des préjugés qui ont la vie dure

Les stéréotypes liés au handicap sont essentiellement liés à une méconnaissance du sujet. Le stéréotype est une généralisation simplifiée appliquée à un groupe entier de personnes, sans tenir compte des différences individuelles. Concernant les personnes handicapées, cela revient à en avoir la vision d'une population homogène, bien distincte de celle des « valides ». Or il n'existe pas UN handicap, mais une multiplicité de handicaps : physiques, sensoriels, mentaux, intellectuels ou maladies invalidantes, qui recouvrent chacun une infinité de situations individuelles. Affirmer que les collaborateurs handicapés sont plus fréquemment absents que les autres ou, au contraire, plus motivés, est un non-sens !

De ces stéréotypes découlent des préjugés, qui ont encore la vie dure dans l'univers professionnel, ainsi que le montre l'étude « Les stéréotypes sur les personnes handicapées, comprendre et agir dans l'entreprise »[1]. Cette étude met notamment en avant les points suivants :

- la diversité des handicaps est méconnue : les managers ont une vision lourde du handicap. Ainsi, ils estiment à 12 % le nombre de personnes en fauteuil roulant alors qu'en réalité elles ne représentent que 2 % de la population handicapée. Dans le même esprit, les handicaps psychiques ou intellectuels sont surévalués (22 % en lieu de 16 %). La perception des managers renvoie au handicap lourd et irréversible, donc difficile à gérer en entreprise ;

- le handicap est perçu globalement de façon négative : lorsqu'on interroge les managers sur ce qu'évoque le handicap pour eux, près de la moitié des réponses (49 %) sont exprimées en termes jugés négatifs, 30 % en termes jugés positifs et 21 % le sont en termes neutres. Les qualificatifs positifs concernant les personnes handicapées sont relatifs à la chaleur humaine, et les qualificatifs négatifs plutôt liés à la compétence professionnelle : « peu formées, peu compétentes » ;

- il existe une vraie difficulté à faire le lien entre emploi et handicap : bien qu'interrogés sur leur lieu de travail, les managers ont du mal à envisager le handicap dans l'entreprise. Seulement 6 % des évocations font référence à l'univers professionnel ;

- le handicap est perçu majoritairement comme un état inné et permanent : surestimant les handicaps de naissance, les managers n'imaginent pas que le handicap peut potentiellement toucher

---

1. Étude réalisée en 2010-2011 par IMS-Entreprendre pour la Cité, auprès de quatre cents managers de quatre grandes entreprises françaises, Alstom Power Service, Areva, CNP-Assurances et L'Oréal.

tout le monde. À ce titre, ils ne se sentent pas directement concernés – alors que la réalité est toute autre : la majorité des handicaps surviennent au cours de la vie ;

- d'autres *a priori* viennent renforcer l'inquiétude des managers face à l'emploi de personnes handicapées : perçues comme fragiles, lentes et parfois même « perturbées », elles auraient des difficultés à s'intégrer dans une équipe. Ces personnes auraient besoin de l'aide de leurs collègues ; il faudrait aménager leur poste et le temps consacré à leur formation serait plus long que pour un « valide ». Autant d'idées préconçues qui peuvent générer des pratiques discriminatoires et qui, en tout cas, ne favorisent pas l'implication spontanée du management dans une politique handicap. La priorité est donc de sensibiliser les équipes afin de faire tomber tabous et idées reçues, et cela à tous les niveaux de l'entreprise.

Les messages clés pour sensibiliser

L'information et la sensibilisation ont un rôle clé dans la réussite d'une politique handicap : prérequis au commencement de la démarche, elles doivent être renouvelées régulièrement afin que les progrès s'inscrivent dans la durée. Les messages à délivrer visent une prise de conscience : faire comprendre et faire ressentir, pour qu'ensuite il soit possible de faire adhérer et de rendre acteur. Il faut dire :

- *Accroître la connaissance du handicap* pour faire valoir l'individu au-delà de son handicap et lutter contre l'idée reçue que les personnes handicapées constituent une population homogène présentant des caractéristiques communes. Cette information portera sur la multiplicité des familles de handicaps. Elle montrera que chaque type de handicap recouvre une infinité de réalités : selon sa gravité, s'il est de naissance ou acquis au cours de la vie, selon la situation et la personnalité de l'individu lui-même. Et que chaque catégorie de handicap recouvre un grand nombre de déficiences, bien différentes les unes des autres. Prenons pour exemple la déficience visuelle : les troubles qui lui sont spontanément associés sont ceux qui affectent la netteté et la visibilité de l'image. Pourtant d'autres troubles, comme celui touchant la motricité et qui engendre une difficulté à suivre un objet en mouvement, ont peu d'impact dans bien des activités professionnelles. Affirmer d'emblée qu'un handicapé visuel ne peut pas tenir un poste sur écran est donc une idée fausse.

▪ *Donner des chiffres clés*, indiscutables et plus parlants qu'un long discours : « 85 % des handicaps sont acquis au cours de la vie » ou : « Un Français sur deux sera touché par une déficience ou un trouble grave à un moment de son existence. » À l'énoncé de ces affirmations, tout à coup le handicap n'est plus opposé à la normalité ; il devient un possible pour chacun d'entre nous. « Seulement 2 % des personnes handicapées sont en fauteuil roulant » ou : « 80 % des handicaps ne sont pas visibles » : ces deux chiffres remettent en cause, sans ambiguïté, des images pourtant bien ancrées dans la conscience collective.

▪ *Faire valoir les notions de compensation* du handicap et d'adéquation poste/handicap : la personne handicapée développe d'elle-même d'autres capacités et d'autres talents, pour pallier une fonction déficitaire. Elle peut aussi être aidée par des ressources extérieures, notamment liées aux avancées technologiques. Dans le monde du travail, on pourra rendre le poste compatible par le biais d'aménagements, souvent simples et de bon sens. Être handicapé n'est pas être « incapable ».

▪ *Mettre en avant la relativité du handicap* : on peut être handicapé dans une situation et pas dans une autre. C'est l'exemple classique de l'informaticien en fauteuil roulant. Sa vie dans la cité est un vrai « parcours du combattant », mais devant son écran, son handicap disparaît et il pourra travailler comme tout un chacun, même si la déficience est toujours présente.

▪ *S'appuyer sur des exemples concrets* issus de l'entreprise, sans se cantonner à des considérations générales : ainsi des témoignages de collaborateurs handicapés démontreront-ils de façon irréfutable que l'emploi de personnes handicapées, c'est possible dans ce métier, dans ce service, dans cet établissement. Ils lèveront les doutes des managers quant à la faisabilité de l'intégration et valoriseront les compétences et la performance des personnes considérées. Attention toutefois à ne pas tomber dans l'excès de

« positivisme » en faisant abstraction des difficultés rencontrées, sous peine de perdre en crédibilité. C'est aussi en cela que ces témoignages permettront de se situer dans le registre de la proximité et de l'humain.

- *Favoriser le dialogue* : au cours de sessions de sensibilisation, par exemple, les managers pourront échanger sur leurs inquiétudes, mais aussi leurs expériences et leurs réussites « sur le terrain ». Encourager la participation des managers à des manifestations ou à des forums de recrutement dédiés. Ils seront ainsi amenés à rencontrer des personnes handicapées, à discuter avec elles : ces contacts favoriseront une vision pragmatique du handicap et renforceront le lien entre handicap et univers professionnel.
- *Exprimer clairement* que la politique handicap n'est pas une démarche caritative : l'entreprise vise à s'adjoindre des compétences et des talents, en adéquation avec ses enjeux RH et économiques.

À découvrir

Le *Guide de la sensibilisation*, réalisé par la revue *Être*, en collaboration avec l'Agefiph et le FIPHFP, à usage des chargés de Mission Handicap.

CONSTRUIRE UN PLAN DE COMMUNICATION

Déployer avec succès une politique handicap nécessite pour l'entreprise de faire comprendre la légitimité de son engagement, de faire évoluer les mentalités et les pratiques et de faire adhérer au projet : la communication est en ce sens un levier incontournable. Les entreprises l'ont bien compris et lui consacrent souvent un large budget, à tel point d'ailleurs que la communication est devenue l'un des volets à part entière des accords, au même titre que le recrutement ou le maintien dans l'emploi. Mais attention, si communiquer est bien une clé de réussite, deux écueils sont à éviter : communiquer pour communiquer, et communiquer au lieu d'agir. La communication n'est pas une fin en soi ; elle doit être comprise comme un moyen mis au service des différents axes de la politique. Et la communication ne se substitue pas à l'action : elle peut même s'avérer contre-productive si elle n'est pas accompagnée ou suivie d'actions concrètes en faveur de l'emploi de personnes handicapées.

Handicap et communication : une histoire récente

Hier inexistante ou du moins confidentielle, la communication d'entreprise sur le handicap bénéficie aujourd'hui de l'évolution des mentalités, sous l'impulsion de la loi de 2005. Elle se donne enfin le droit de parler de façon décomplexée du handicap, voire même d'explorer le champ de l'humour : pour preuve, le succès des bandes dessinées ou des pièces de théâtre dédiées au sujet. Les supports foisonnent : presse généraliste et spécialisée, forums et manifestations, plaquettes, affiches, intranet et Internet, vidéo, sessions de sensibilisation en sont des exemples.

De ce fait, les sollicitations commerciales concernant le montage d'actions de communication sont nombreuses. Et les chargés de Mission Handicap, rarement professionnels de la communication, se trouvent souvent en difficulté pour orienter leur choix : faut-il privilégier la communication écrite ou la vidéo ? une campagne d'affichage aura-t-elle plus d'impact qu'une plaquette ? quels médias sont les plus efficaces pour s'adresser à des publics externes ? etc.

Communiquer : la recette magique ?

« Nous aimerions réaliser une plaquette à l'occasion de la signature de notre accord handicap. Pourquoi ? Pour informer et sensibiliser nos collaborateurs, motiver et mettre en mouvement le management, associer les médecins du travail, faire comprendre qu'on peut être handicapé et travailler, expliquer les différents types de handicap, présenter les cinq axes de notre accord, et surtout favoriser les RQTH de nos collaborateurs handicapés, mais pas reconnus administrativement comme tels. Il faut aussi qu'elle valorise les partenaires sociaux qui ont signé l'accord et le rôle actif que va tenir le CHSCT dans la démarche. Et puis nous utiliserons cette plaquette dans les forums de recrutement, lorsque nous commencerons à rechercher des candidats. Qu'en pensez-vous ? »

Cette demande, inventée de toutes pièces et certes caricaturale, reflète pourtant bien la réalité : la tentation de l'entreprise de vouloir délivrer trop de messages, à trop de destinataires, le tout sur un seul support. Pour gagner du temps, pour rentabiliser le coût de réalisation du support, pour n'oublier personne. Or ce calcul est erroné. Pour qu'une communication soit efficace, notamment sur le sujet du handicap, elle doit respecter huit règles d'or, fondées sur des principes… de bon sens !

Construire un plan de communication

Parce que la politique handicap est un sujet complexe, constituée d'axes très divers (recrutement, maintien dans l'emploi ou encore secteur adapté), qui ont chacun leurs objectifs et cibles propres, il est indispensable d'organiser et de planifier les différentes actions dans un plan de communication : le plan offrira une vision globale de la stratégie de communication et permettra d'assurer le suivi des actions.

Ce plan s'élabore dès la phase de lancement de la démarche et se réajuste au minimum chaque année. Il amène le chargé de Mission Handicap à se poser un certain nombre de questions :

- quelles sont nos cibles, en interne et à l'externe ?
- quels sont nos messages prioritaires selon les cibles ?
- quels sont les supports les mieux adaptés à chaque cible ?
- quels sont les événements, internes et externes, qui seront autant d'occasion de communiquer ?
- quels sont les moments les plus pertinents pour déployer nos campagnes ?
- comment allons-nous évaluer l'efficacité de nos actions ?

Pour concevoir le plan de communication puis réaliser les différentes actions, le chargé de Mission Handicap ne peut agir de façon isolée. Il s'appuiera utilement sur des ressources internes et externes : le service Communication de l'entreprise, qui maîtrise la culture de l'entreprise et saura intégrer le handicap au sein de la stratégie globale institutionnelle, mais aussi sur des agences ou cabinets conseil spécialisés, experts de la communication sur le sujet du handicap, qui pourront lui apporter leur expérience et leur regard extérieur.

La communication : à retenir

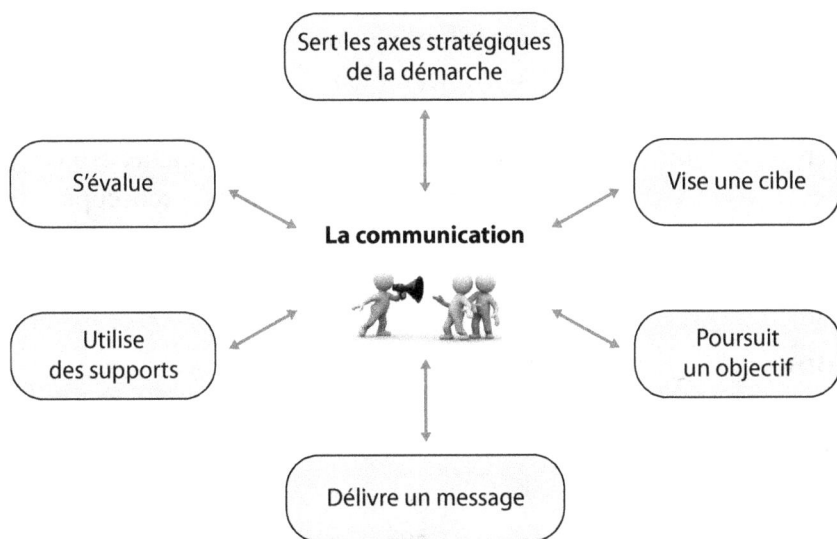

Communiquer, oui : mais à qui ? pourquoi ?

La première question est de savoir quelles sont les cibles que l'on veut viser et quels sont les messages que l'on veut délivrer : on ne communiquera pas de la même façon, ni avec les mêmes arguments, selon que l'on souhaite sensibiliser l'ensemble des collaborateurs sur l'engagement de l'entreprise ou bien que l'on vise un public particulier (médecins du travail ou encore acheteurs), afin qu'il relaye la politique à son niveau. En ce qui concerne les acheteurs, par exemple, le but sera de lutter contre des préjugés encore bien ancrés concernant le secteur adapté : cher, de qualité inégale, limité à la vente de produits très spécifiques, constitué de petites structures locales… La communication mettra donc en valeur la diversité des prestations proposées et rassurera quant au professionnalisme, à la compétitivité de ces structures et à la qualité de leurs services et produits. Lorsque cibles et messages seront identifiés, se posera alors la question des supports.

Choisir les bons supports

Choisir le bon support au regard de la cible visée et du message que l'on veut délivrer : une évidence… et pourtant ! Prenons l'expérience du « parcours en fauteuil », très en vogue ces dernières années : il s'agit d'inviter des personnes valides à effectuer un parcours en fauteuil roulant, dans leur entreprise par exemple. Un support bien adapté si l'objectif est de préparer de futurs tuteurs de personnes handicapées à leur rôle, en leur faisant ressentir certaines difficultés de la vie quotidienne auxquelles est confrontée une personne à mobilité réduite. Peu pertinent en revanche, si l'on y invite d'emblée des recruteurs ou des managers préoccupés de productivité : ils risquent de ne retenir que les obstacles !

Les principales revues spécialisées

Titre	Périodicité	Diffusion
Être Handicap Information	Bimestrielle	Abonnement et kiosques
Handirect	Bimestrielle	Abonnement et salons spécialisés
Faire face	Mensuelle	Abonnement
Déclic	Bimensuelle	Abonnement

Hiérarchiser les messages

Plus un message est simple, plus il sera percutant. Multiplier les messages ne sert à rien d'autre qu'à masquer l'idée essentielle. Pour une plaquette par exemple, il est essentiel de hiérarchiser les idées que l'on veut faire passer, voire d'éliminer les messages marginaux, si l'on veut obtenir un impact maximum :

- Est-ce avant tout l'engagement citoyen de l'entreprise que l'on souhaite valoriser, ou bien le rôle de la Mission Handicap, son fonctionnement et ce que chaque salarié peut en attendre ?
- Est-ce que l'objectif principal du support est d'informer dans le détail de chacun des engagements de l'accord ? Ou de lutter contre les stéréotypes en délivrant une information sur les différents types de handicap ?

Se poser en amont ces différentes questions permettra de briefer précisément le service ou l'agence en charge de la création graphique, dont le rôle sera de mettre en valeur les points clés prédéfinis. Attention à ne pas inverser les rôles, et attendre du graphiste que, par la magie de la mise en page et des couleurs, il décide de ce qui est plus ou moins important… La création est avant tout au service du discours, et non l'inverse ! Autre exemple : mieux vaut une campagne d'affichage constituée de quatre affiches différentes, illustrant chacune une idée-force, qu'une seule affiche listant plusieurs messages. On y gagnera en lisibilité et en impact !

Adopter le ton juste

Parler du handicap est délicat, le rédacteur étant pris entre l'aspect technique du sujet et sa dimension humaine. Lorsqu'il s'agit de sensibiliser le plus grand nombre de gens peu avertis, on évitera le « jargon » et l'impersonnel pour privilégier un style direct, simple, accessible à tous. Le ton juste sera celui avec lequel le « récepteur » se sentira à l'aise et concerné. Ainsi, pour valoriser les résultats obtenus, on parlera plus volontiers de la quantité et des caractéristiques des recrutements effectués (dans quels métiers, sur quels sites ou services…) que du pourcentage obtenu en termes de « taux d'emploi », notion bien ésotérique et peu évocatrice ! Il faut aussi prendre en compte la culture de l'entreprise, son ouverture et sa maturité sur le sujet. Dans certains cas, il conviendra de rester dans un registre classique, parfois au contraire un ton « décalé » ou une approche novatrice seront appréciés, comme l'utilisation de la bande dessinée.

Il en va de même pour les slogans des Missions Handicap :

- parfois c'est une tonalité assez neutre : « Engagez-vous avec la Mission Handicap » ou : « Agir pour l'emploi des personnes handicapées » ;
- le slogan peut se vouloir plus concernant : « Le vrai handicap, c'est l'indifférence » ou : « Engagés et solidaires ! » ;
- dans certains cas, le slogan met l'accent sur les *a priori* : « Nos préjugés, un handicap de poids » ou : « Changeons notre regard sur le handicap » ;
- de nombreuses accroches tournent autour de la notion de compétences : « Ne parlons pas de handicap, parlons de compétences » ou : « Valoriser les compétences, intégrer la différence » ;
- plus rares sont les accroches « choc » réservées généralement à la communication externe et à la presse : « Quand on perd l'usage de ses jambes, perd-on aussi toute capacité de management ? »

Mais attention à ne pas fonder son choix uniquement sur l'aspect « nouveauté » ou « impact », qui pourrait choquer s'il est mal compris. Pour éviter tout risque avant de lancer ce type de campagne, mieux vaut mener un prétest qui en validera l'accueil. En outre, les professionnels de la communication aideront le chargé de Mission Handicap à prendre l'option la plus pertinente.

Cadencer la communication

Les actions de communication doivent s'inscrire dans un mouvement permanent. Au lancement de la démarche, on privilégiera l'information et la sensibilisation de l'ensemble des collaborateurs, pour faire connaître l'engagement de l'entreprise et lutter contre les préjugés. Ensuite, des actions spécifiques seront déployées par cibles, au regard des axes prioritaires de la Mission Handicap. Elles pourront viser, par exemple, les recruteurs et les tuteurs si l'engagement prioritaire est l'insertion de collaborateurs handicapés, ou encore les managers et les médecins du travail, si le focus est mis sur le maintien dans l'emploi. En tout état de cause, une action isolée, même forte, est insuffisante : le handicap étant rarement la priorité des entreprises, une animation régulière de la démarche est donc fondamentale, faute de quoi le sujet passera vite aux oubliettes. La communication de lancement devra nécessairement être suivie d'informations régulières sur les actions menées et les résultats obtenus.

Témoignage

« Nous maintenons un fil rouge en communiquant toute l'année. »
Sylvie BRACQUEMOND, responsable Mission Handicap Disney

« Le volet sensibilisation/communication a toujours été très important dans nos accords handicap successifs. Nous travaillons notamment depuis quatre ans sur un *temps fort* : celui de la Semaine nationale des personnes handicapées, en novembre. En 2011, il s'agissait de créer un événement sur cinq jours. Les trois premiers ont été consacrés à éveiller la curiosité, avec la distribution d'un supplément quatre pages "Spécial Handicap" du journal *Le Parisien*, de petits bracelets et de quizz. Au cours des deux derniers jours, différentes associations ont proposé des ateliers de mise en situation. Par

.../...

exemple, nous avons appelé "Pas de bras, pas de chocolat" un atelier animé par une personne tétraplégique, où les salariés devaient ouvrir un carré de chocolat avec des gants de boxe ! Il est vrai que le film *Intouchables* a contribué à véhiculer une nouvelle image du handicap, avec humour et sans pathos. Nous avons d'ailleurs eu une très forte participation durant ces deux jours.

En termes de retombées, trois cents personnes de plus qu'en 2010 – soit une augmentation de 52 % – sont venues nous voir, soit pour entamer une démarche de reconnaissance de leur handicap, soit pour nous remettre leur RQTH. Ainsi, à fin décembre 2011, nous avions 23 % de travailleurs handicapés supplémentaires.

Au-delà de cet événement, nous maintenons un "fil rouge" en communiquant toute l'année dans notre journal interne, avec des témoignages réguliers de personnes concernées et un partage de bonnes pratiques. Nous avons aussi dans notre programme DIF un module "À la découverte du handicap" destiné à tout public, ainsi qu'un module d'initiation à la langue des signes. Ces sessions font le plein dans les trois jours suivant leur annonce ! Enfin, nous démarrons en 2012 un programme de sensibilisation destiné à l'ensemble des managers. »

Apporter la preuve par l'exemple

Communiquer sur des cas concrets, via des témoignages issus du terrain, est le moyen le plus efficace pour sensibiliser et convaincre. Les témoignages conjoints d'un salarié handicapé nouvellement recruté, de son manager et de ses collègues, valent tous les discours théoriques sur le bien-fondé de la politique de recrutement de personnes handicapées. Ils apportent à l'ensemble des collaborateurs la preuve indiscutable que c'est possible et ce, au sein de leur propre entreprise. Le témoignage d'un salarié maintenu dans l'emploi à la suite d'un accident de la vie fait passer un message fort au lecteur : cela pourrait m'arriver à moi ! Communiquer par les témoignages présente plusieurs vertus : mettre en avant l'humain, se situer dans le quotidien professionnel, démontrer que l'entreprise est dans l'action et valoriser ses résultats.

Créer une identité à la Mission Handicap

Nous l'avons vu, la communication d'une Mission Handicap prend des formes très variées et s'inscrit dans la durée : il est donc recom-

mandé de lui donner une identité propre *via* un logo. Véritable
« image de marque » reconnaissable quels que soient les supports, le
logo assure en permanence la visibilité de la Mission Handicap. Il
est le « trait d'union » entre les différentes actions menées et le lien
d'identification dans le long terme. Ne pas oublier que ce logo
côtoiera souvent celui de l'entreprise : s'il s'en distingue, il doit
toutefois être conçu en harmonie avec la charte graphique de
l'entreprise, sous peine de marginaliser la Mission Handicap !

ÉVALUER POUR ÉVOLUER

Force est de constater que les entreprises qui procèdent à une
évaluation de leur politique handicap sont encore rares.

Les indicateurs dont elles disposent sont parcellaires : ce sont généralement ceux figurant dans la déclaration obligatoire pour l'emploi de
travailleurs handicapés (DOETH) : unités bénéficiaires, unités liées
au secteur adapté, montant de la contribution. Or le taux d'emploi et
le nombre de collaborateurs handicapés recrutés sont loin d'être signi-
ficatifs, à eux seuls, de la réussite de la politique handicap.

Lorsqu'elles sont sous accord, les entreprises doivent produire chaque
année un bilan à destination des partenaires sociaux et de la Direccte.
Elles enrichissent alors les données fournies par la DOETH de
quelques autres éléments, tels le nombre d'aménagements de poste ou
encore le nombre de personnes ayant obtenu la reconnaissance de la
qualité de travailleur handicapé (RQTH) dans l'année… Elles rela-
tent également dans ce bilan les différentes actions menées dans le
cadre de la politique handicap. Mais ces données, souvent présentées
comme un « inventaire à la Prévert », ne rendent que très partiellement compte du travail réalisé et ne permettent ni d'évaluer au plan
qualitatif les résultats obtenus, ni d'identifier les actions complémentaires ou correctives à mettre en place.

Pourquoi tant d'entreprises rechignent-elles à mettre en place un
dispositif d'évaluation ? Pour deux raisons essentielles. La première
est d'ordre culturel, et touche bien d'autres sujets que la politique
handicap au sein de l'entreprise : l'évaluation est encore trop

souvent perçue négativement, liée à l'idée de « jugement », voire de « sanction » et non pensée comme un outil d'amélioration continue. Inutile de rappeler les polémiques sur le sujet sensible de l'entretien annuel d'évaluation. La seconde raison est plus opérationnelle : l'élaboration d'un référentiel d'évaluation est une démarche complexe, qui nécessite du temps et mobilise des ressources, et, qui plus est, doit être pensée dès le début du projet.

Pour pouvoir évaluer les actions, il est en effet nécessaire que les objectifs, quantitatifs mais aussi qualitatifs, aient été clairement prédéterminés, ce qui est rarement le cas au lancement du projet, sauf sur l'axe recrutement et parfois en matière de collaboration avec le secteur adapté.

Une autre condition : les critères et les indicateurs doivent être été fixés de manière consensuelle, par un groupe projet ou un comité de pilotage, pour chaque volet du programme d'action. On décidera par exemple d'évaluer la réussite des actions de recrutement en mettant en place un indicateur tel que le taux de candidats en situation de handicap reçus *versus* le nombre de candidats handicapés recrutés. Ou encore de mesurer le succès des mesures de maintien dans l'emploi via le taux de personnes encore en poste un an après avoir bénéficié d'un aménagement. Un process qui mobilise du temps et des ressources.

Il faut également que le chargé de Mission Handicap ait imaginé et mis en place les moyens de récolter les informations utiles à l'alimentation du référentiel, ce qui n'est pas forcément aisé, notamment dans les grandes entreprises multi-sites.

Ces différentes réflexions nécessitent du temps. Or, au lancement du projet, les énergies sont surtout mobilisées par la réalisation d'actions à visibilité immédiate, ce qui n'est évidemment pas le cas pour l'élaboration d'un référentiel ! En conclusion, dans la plupart des cas, le chargé de Mission Handicap, par manque de temps, de méthode et d'outils, ne met pas en place de dispositif d'évaluation. C'est plutôt en réaction à ce qui apparaît plus tard comme un « manque », lorsque l'entreprise a acquis expérience et maturité sur le sujet et qu'elle a mené nombre d'actions, qu'elle prend alors conscience de la nécessité de se doter d'outils de mesure et qu'une réflexion sur l'évaluation est enfin menée.

Pourtant, évaluer les actions est un acte essentiel pour réussir et pérenniser la politique handicap.

Tout d'abord, un dispositif d'évaluation est un réel levier de progrès, puisqu'il permet de suivre et d'ajuster en continu les démarches entreprises : il mesure l'efficacité des actions menées, dégage les points forts et les points faibles de la politique, identifie ce qu'il faut corriger et comment. Ne pas évaluer, c'est se priver de marges de progression.

L'évaluation permet aussi de mobiliser les acteurs en rendant tangible la réussite du projet. Le chargé de Mission Handicap peut valoriser la progression de la politique handicap sur la base de critères objectifs et incontestables, tant auprès des managers que des instances dirigeantes.

En outre, l'évaluation facilite la motivation et la responsabilisation de chacun en affichant les résultats obtenus au regard des objectifs et des critères fixés. Certaines entreprises communiquent de la sorte par site ou par région, ce qui a un double impact : valoriser les réussites et prouver par l'exemple la faisabilité de la démarche.

Évaluer : une logique de projet

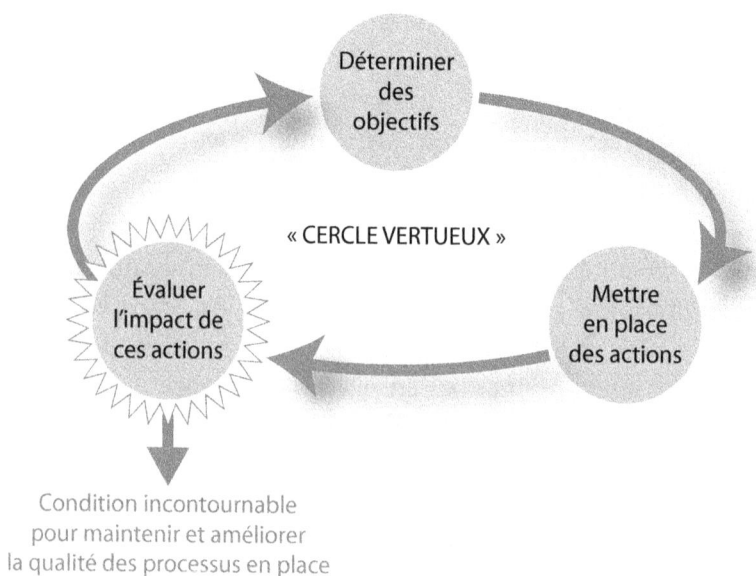

Déterminer des objectifs

« CERCLE VERTUEUX »

Évaluer l'impact de ces actions

Mettre en place des actions

Condition incontournable pour maintenir et améliorer la qualité des processus en place

« L'évaluation nous a apporté des informations précieuses sur nos effectifs handicapés et leur vécu professionnel »

▓ *Marie-Hélène CHAVIGNY, directrice des ressources humaines Carrefour Market*

« Ce référentiel est un *outil de pilotage*, qui nous aide à faire progresser notre politique handicap. D'une année sur l'autre, il permet de mesurer notre performance par rapport aux différents volets du projet et de dégager des axes de travail prioritaires.

C'est aussi un moyen pertinent d'associer nos partenaires sociaux. Élaboré dès la fin de notre premier accord, le référentiel a été construit par le biais de trois groupes de travail auxquels ont notamment participé tous les membres de la Commission de Suivi et de Propositions[1] et des experts internes. Chaque groupe a travaillé sur un champ : recrutement/intégration, maintien dans l'emploi, management/évolution professionnelle, avec pour objectif de définir, pour chacun, les critères et indicateurs permettant de mesurer notre performance.

Les *indicateurs* ainsi retenus reflétaient soit une obligation de résultat (indicateur chiffré tel que le nombre de travailleurs handicapés embauchés chaque année, ceux présents un an après, etc.), soit une obligation de moyens (diffusion de plaquettes, par exemple). Nous avons aussi fixé des niveaux à atteindre, pour donner une vision de là où nous voulions aller.

L'outil a ensuite été alimenté par le système d'information, avec des éléments de reporting précis aux niveaux national et régional, ainsi que par les résultats d'une enquête réalisée auprès de nos collaborateurs handicapés, leurs managers et les IRP des établissements concernés[2].

En 2010 et 2011, la démarche d'évaluation nous a d'abord apporté des informations précieuses sur nos effectifs handicapés et leur vécu professionnel. Nous avons ensuite utilisé les résultats de l'évaluation de deux manières : en termes de pilotage, pour fixer nos priorités et nos plans d'actions, et en termes de communication, pour faire état de la progression de l'entreprise.

---

1. Instance prévue par l'accord Handicap, composée de quinze partenaires sociaux issus des organisations syndicales signataires.
2. Il s'agit de questionnaires spécifiques adressés (au rythme biennal) à environ deux mille personnes. Les réponses sont libres et anonymes. Le taux de retour des salariés handicapés est de plus de 50 %.

PARTIE 3

METTRE EN ŒUVRE
LA POLITIQUE HANDICAP

Chapitre 8

Recruter et intégrer

En s'engageant dans une politique de recrutement de personnes handicapées, l'entreprise peut poursuivre conjointement plusieurs objectifs : répondre à l'obligation légale, tenir son rôle d'entreprise citoyenne, s'adjoindre des compétences ou encore travailler sur son image. Le recrutement est en tout état de cause l'axe phare de toute politique handicap : celui dont les résultats sont les plus visibles, les plus immédiats, les plus quantifiables, tant en interne qu'à l'externe. Ce n'est pas pour autant le plus simple, car il présente des enjeux forts et nécessite que l'entreprise travaille sur ses représentations et ses pratiques.

S'ENGAGER SUR LE RECRUTEMENT : LES ENJEUX

Respecter les obligations légales

Recruter des personnes handicapées est l'un des moyens de répondre à l'obligation d'emploi et d'atteindre les 6 % requis par les textes. Ce n'est pas le seul : l'entreprise peut aussi collaborer avec le secteur adapté ou développer une politique de maintien dans l'emploi. Mais le recrutement est un axe obligatoire si l'entreprise souhaite signer un accord d'entreprise ou une convention. Le recrutement permet de lutter contre l'exclusion de manière directe. C'est une façon de répondre à la finalité première de la loi, à savoir assurer « l'égalité des droits et des chances, la participation et la citoyenneté des personnes handicapées ».

En s'engageant sur l'embauche de personnes handicapées, l'entreprise respecte aussi le principe de non-discrimination.

L'article L. 122-45 du Code du travail énonce qu'« aucune personne ne peut être écartée d'une procédure de recrutement […] ou faire l'objet d'une discrimination, directe ou indirecte, […] en raison des critères suivants : son origine, son sexe […] son état de santé, son handicap ». Discriminer est donc un délit passible de sanctions.

Tenir son rôle d'entreprise citoyenne

Les chiffres le prouvent : les personnes en situation de handicap ont plus de difficultés que les autres à trouver un emploi[1].

- En 2007, le taux de chômage des personnes handicapées était de 19 %. C'est deux fois plus que pour l'ensemble de la population « valide » des 15-64 ans (8 %).

- La durée de leur recherche d'emploi est plus longue : les demandeurs d'emploi handicapés sont pour 49 % d'entre eux chômeurs de longue durée (contre 30 % s'agissant de l'ensemble des demandeurs d'emploi). Ces chiffres passent à 21 % pour les chômeurs handicapés de très longue durée (durée supérieure à 2 ans), contre 14 % s'agissant de l'ensemble des demandeurs d'emploi.

Les demandeurs d'emploi handicapés cumulent en effet les désavantages.

- Ils sont plus âgés que la moyenne[2]. Or l'avancée en âge ne constitue pas un facteur favorable à l'emploi.

- Ils souffrent d'un manque de qualification. Seulement 20 % ont un niveau équivalent ou supérieur au baccalauréat…, parce que le handicap est également un frein à l'accès aux diplômes et à la formation supérieure.

- Ils ont un parcours – et donc un CV – parfois atypique, qui peut faire s'interroger, voire effrayer les recruteurs…, parce que la survenue d'un handicap au cours de la vie peut contraindre la

---

1. *Source* : enquête complémentaire à l'enquête Emploi 2007 – Exploitation DARES.
2. Moyenne d'âge des personnes handicapées : 44 ans – *Source* : INSEE.

personne à une reconversion professionnelle et que celle-ci prendra du temps. Or un « trou » de plusieurs mois ou de plusieurs années dans un CV peut amener un recruteur à écarter un candidat.

Ces réalités constituent des facteurs objectifs d'exclusion ou de difficultés d'intégration dans l'entreprise. Mais les personnes handicapées se heurtent à des résistances additionnelles plus puissantes et subjectives : les stéréotypes, préjugés et discriminations.

La discrimination est *directe* lorsqu'une personne subit un traitement moins favorable et non justifié par rapport à une autre dans une situation comparable et ce, en raison d'un critère prohibé : écarter un CV uniquement parce qu'il comporte la mention « travailleur handicapé » relève de la discrimination directe.

On parle de discrimination *indirecte* lorsqu'une disposition, un critère ou une pratique apparemment neutre est susceptible d'entraîner un désavantage pour certaines personnes par rapport à d'autres : ainsi poser une exigence « bac + 5 » pour des personnes handicapées que l'on sait peu qualifiées constitue-t-il une discrimination indirecte.

En tout état de cause, les personnes handicapées sont bien victimes de discrimination à l'embauche. Différentes études le montrent. La personne handicapée qui fait mention de son handicap sur son CV est discriminée. Elle reçoit quinze fois moins de réponses positives qu'un candidat de référence[1].

Le rapport Amadieu, qui fait référence en matière de discrimination, montre clairement que le handicap joue un rôle discriminant lors de la phase d'entretien[2]. Le taux de réussite du candidat handicapé est de

---

1. Enquête « Discriminations à l'embauche : de l'envoi du CV à l'entretien », menée par l'Observatoire des discriminations en 2004

2. Étude basée sur la méthode du *testing*. Elle consiste à répondre à des offres d'emploi en envoyant des candidatures (CV et lettres de motivation) qui sont presque identiques et ne diffèrent que par une caractéristique, à savoir la variable à tester. Les candidats qui se présentent aux entretiens d'embauche sont des acteurs professionnels spécialement formés à l'entretien. Les six acteurs représentent chacun un profil différent : (1) un homme blanc de peau de 33 ans, (2) un homme blanc âgé de 50 ans, (3) un homme de couleur originaire des Antilles, (4) un homme handicapé, (5) un homme d'apparence obèse et enfin (6) une femme d'origine maghrébine. La personne handicapée n'a pas dévoilé son handicap avant l'entretien.

46,66 % (handicap visible non révélé sur le CV et découvert en entretien). Il est de 96 % pour le candidat de référence (CV équivalent mais blanc de peau et âgé de 33 ans).

En déployant une politique de recrutement de personnes handicapées, l'entreprise participe à la lutte contre l'exclusion et les discriminations. Reflet de la diversité de la population française, elle démontre sa conviction que la différence est une richesse et marque son implication dans une démarche citoyenne. L'intégration de personnes handicapées est d'ailleurs transposable à d'autres dimensions de la diversité : minorités visibles, égalité homme/femme, politique seniors. C'est le rôle de la politique RH de permettre à chacun de se réaliser dans son activité professionnelle. Il s'agit d'un engagement sociétal dont l'impact positif, en termes d'image et de marque employeur, n'est plus à démontrer.

Valoriser la marque employeur et l'image de l'entreprise

En interne, l'engagement de l'entreprise ne laisse pas indifférent. La cinquième édition du « Baromètre sur la perception des discriminations[1] » en apporte la preuve :

- 97 % des salariés saluent les initiatives de l'entreprise en faveur de l'emploi des personnes handicapées ;
- 94 % se disent favorables à l'évaluation des procédures de recrutement pour s'assurer qu'à compétences égales tous les candidats ont autant de chances d'être convoqués à des entretiens.

L'impact positif de la politique handicap vaut aussi pour les candidats potentiels : par le biais de sa politique de recrutement de personnes handicapées, l'entreprise travaille sur son attractivité et sa marque employeur.

L'enjeu d'image est également important par rapport aux clients, de plus en plus sensibles à l'engagement social des entreprises, qu'il s'agisse de grands groupes ou d'entreprises régionales, insérées dans le tissu socio-économique local.

---

1. Baromètre réalisé par l'institut CSA, à la demande du Défenseur des droits et de l'OIT (Organisation internationale du travail).

Enfin, certaines entreprises inscrivent une clause sociale dans leurs appels d'offres, allant parfois jusqu'à positionner l'emploi de personnes handicapées comme une condition d'obtention du marché : employer des personnes handicapées devient pour les prestataires une « valeur ajoutée » commerciale.

En synthèse, recruter des personnes handicapées permet à l'entreprise de renvoyer une image positive à l'écosystème dans lequel elle évolue.

RECRUTER UN COLLABORATEUR HANDICAPÉ : POINTS DE VIGILANCE

Que l'on parle d'une personne, handicapée ou non, l'objectif du recruteur reste le même : trouver un candidat en capacité de tenir le poste. Pourtant, le recrutement d'une personne handicapée n'est pas un recrutement comme les autres. Il comporte des spécificités dont le recruteur ne peut faire abstraction : d'une part, les caractéristiques socioprofessionnelles des demandeurs d'emploi handicapés – qui amèneront le recruteur à s'interroger sur la manière d'apprécier un CV. D'autre part, la vigilance à porter aux éventuelles répercussions du handicap sur la tenue du poste – de la définition du besoin à la préparation de l'intégration, en passant par l'entretien de recrutement.

La définition du besoin et la rédaction de l'annonce

Au-delà des compétences

La définition du besoin et des compétences requises est un incontournable pour tout type de recrutement. Lorsqu'il s'agit de celui d'une personne handicapée, il est nécessaire d'aller plus loin et de s'intéresser aussi aux conditions d'exercice du métier, aux contraintes physiques, cognitives et environnementales inhérentes au poste à pourvoir. Le collaborateur sera-t-il amené à porter des charges ? à travailler au froid ? à se déplacer ?

Cette étape sera indispensable pour mettre en évidence l'adéquation entre les exigences du poste et les éventuelles contraintes liées au handicap du candidat. En ce sens, il est profitable que le recruteur se rapproche de l'opérationnel en recherche d'une nouvelle ressource, parce qu'il maîtrise précisément les caractéristiques du poste. Car plus le recruteur aura une connaissance pointue des conditions environnementales du poste et de ses exigences, plus il sera en mesure de décrire précisément la situation de travail en entretien[1]… C'est sur cette base qu'il pourra, avec le candidat, identifier les points de compatibilité ou d'incompatibilité entre le handicap et le poste et imaginer, le cas échéant, les modes de compensation à mettre en place.

L'annonce : clés d'écriture…

En ce qui concerne la rédaction de l'offre, le premier point de vigilance réside dans la formulation du besoin. Le recruteur peut « commettre des erreurs », fermant involontairement la porte à des candidats en situation de handicap. Ainsi, il devra s'attacher à formuler son besoin en termes de compétences avant tout. À une formulation du type « recherche vendeur bac + 2 avec une expérience de trois ans minimum dans la vente de matériels de bricolage », on préférera « bonne connaissance des techniques de vente, des produits et des techniques de la plomberie, de la maçonnerie et de l'électricité ». Les demandeurs d'emploi handicapés ont parfois des expériences professionnelles avérées avec des savoir-faire solides, transférables sur d'autres métiers. Ils sont en revanche souvent peu diplômés.

Le second point de vigilance porte sur la manière d'aborder le handicap. Certaines mentions visant à faire connaître la politique handicap de l'entreprise sont autorisées. Mais dans ce cas, toutes les offres d'emploi diffusées par l'employeur doivent comporter ladite mention. En revanche, la mention « poste réservé aux personnes handicapées » est interdite.

---

1. Voir paragraphe « L'entretien : que faire ? que dire ? », p. 103.

> **Rédaction de l'offre d'emploi : points clés de la délibération du Défenseur des droits (ex-Halde) de 2011**
>
> • Le collège de la Haute Autorité rappelle qu'en vertu du principe de non-discrimination, tous les postes doivent être ouverts à tous, sauf inaptitude médicalement constatée. Par conséquent, les offres d'emploi réservées aux personnes handicapées sont interdites par les articles 225-1 et 225-2 du Code pénal.
> • L'apposition de mentions telles que « public reconnu travailleur handicapé », sauf à figurer sur toutes les annonces de l'entreprise, sont également à exclure. En effet, l'absence d'une telle mention sur les autres offres laisserait à penser que lesdits postes ne sont pas accessibles aux personnes handicapées.
> • L'apposition de la mention « Priorité travailleur handicapé », sauf si elle est apposée sur toutes les offres d'emploi et accompagnée de la mention « à compétences égales », est à proscrire.
> • Si l'entreprise souhaite faire connaître sa politique d'accueil envers les personnes handicapées par l'affichage de certains logos ou mentions, le Collège recommande alors qu'elle fasse figurer ceux-ci sur *toutes* les offres d'emploi qu'elle diffuse.

La phase de sélection : du CV à l'entretien...

Le CV : clés de lecture

L'existence d'un handicap n'est pas toujours mentionnée dans le CV, le candidat estimant cette information superflue ou potentiellement nuisible.

Pour repérer un éventuel handicap :

- L'origine de la candidature est un bon indicateur. Une candidature envoyée par le réseau Cap Emploi[1] concerne forcément une personne en situation de handicap. Certains sigles pouvant figurer dans le CV sont spécifiques au monde du handicap : CRP (Centre de rééducation professionnelle), RQTH (Reconnaissance de la qualité du travailleur handicapé), CDAPH (Commission des droits et de l'autonomie des personnes handicapées)...

- Un autre indicateur est celui du parcours. 85 % des handicaps sont acquis en cours de vie. Or une personne dans l'emploi se

© Groupe Eyrolles

---

1. Réseau national d'organismes de placement dédiés à l'insertion professionnelle des salariés handicapés.

retrouvant en situation de handicap est souvent confrontée à l'obligation de revoir son projet professionnel. Cette reconversion prend du temps… ce qui peut expliquer des périodes d'inactivité dans le CV. La survenue d'un handicap peut aussi se traduire par de brusques changements de carrière. Attention bien sûr à ne pas généraliser : une rupture dans le parcours professionnel peut avoir d'autres raisons qu'une problématique de handicap. Nous attirons simplement l'attention sur le fait qu'un parcours qui peut paraître chaotique trouve parfois son origine dans la survenue d'un handicap.

Dans le cas d'une personne handicapée, il est essentiel d'apprendre à décrypter différemment les CV. Il convient de :

- ne pas éliminer d'emblée un CV qui comporte un « trou » ou un « un virage à 180 degrés » : l'entretien permettra de revenir utilement sur ce point ;

- s'attacher à repérer les compétences transférables du candidat : il peut être une bonne recrue, même s'il ne présente pas le diplôme requis ou pas exactement l'expérience du métier ou du secteur d'activité ;

- lire attentivement la lettre de motivation, qui peut apporter des éléments d'information précieux.

L'enjeu, lors de la sélection sur CV, est de trouver d'autres clés de lecture que celles données par les critères standard de sélection (niveau d'étude, expérience sur le métier ou dans le secteur d'activité), lesquels pourraient amener à écarter un peu rapidement une candidature.

Enfin, un recruteur peut être inconsciemment victime de ses propres stéréotypes et de sa méconnaissance du handicap. Prenons un exemple : un recruteur reçoit pour un poste d'hôte de caisse la candidature d'une personne malentendante. La déficience est indiquée sur le CV. Celui-ci comporte d'ailleurs, non pas un numéro de téléphone pour joindre le candidat mais un « numéro de SMS » et une adresse e-mail. Le recruteur va peut-être écarter cette candidature, estimant que la personne ne sera pas en mesure de communiquer avec les clients. Pourtant, dans la grande distribution, les exemples d'hôtesses de caisse atteintes de surdité ne manquent pas :

une simple affichette placée sur cette caisse informe les clients qu'ils doivent parler face à la personne. Dans notre exemple, le recruteur a donc sous-estimé les moyens de compensation possibles, et écarté la candidature en toute bonne foi et par simple méconnaissance. Ceci montre à quel point il est indispensable de former les recruteurs : les amener à travailler sur leurs propres représentations, les sensibiliser aux mécanismes de discrimination comme aux capacités de compensation des personnes handicapées[1].

L'entretien : que faire ? que dire ?

Les recruteurs sont parfois mal à l'aise à l'idée de conduire l'entretien d'embauche d'une personne handicapée.

- est-il possible d'interroger le candidat sur son handicap ?
- serai-je taxé de discrimination si la candidature n'est pas retenue ?
- comment me comporter si le handicap du candidat n'est pas visible ?
- faut-il prévoir une infrastructure et une organisation particulière pour recevoir le candidat ?
- si je prends la décision de recruter une personne handicapée, aura-t-elle le statut de salarié protégé ?

Concernant la phase de préparation de l'entretien, les points de vigilance dépendent du type de handicap du candidat – si tant est que le handicap soit visible. Si le postulant est à mobilité réduite, on vérifiera bien évidemment l'accessibilité à la salle de réunion. Si le candidat est malvoyant et que l'on prévoit des tests psychotechniques, ce dernier pourra-t-il les effectuer ? A-t-il besoin de matériel de compensation ? Dans certains cas il est donc judicieux de contacter le candidat en amont de l'entretien pour vérifier qu'il est en mesure de suivre la procédure de recrutement (tests, mises en situation…). Attention, cela suppose de se laisser du temps pour aménager le processus habituel : par exemple, s'il faut prévoir la participation d'un interprète en LSF pour un candidat sourd.

---

1. Voir paragraphe « Former et sensibiliser les recruteurs : pourquoi ? à quoi ? », p. 127.

Lors de l'entretien, le recruteur doit chercher à évaluer l'adéquation entre le poste et le handicap. Dans cette perspective, il présente avec le plus de soin et de précision possible les contraintes physiques, cognitives et environnementales du poste proposé.

Il aborde la question du handicap non pas sous l'angle – intrusif – de la pathologie mais des répercussions éventuelles sur la tenue du poste. Interroger le candidat sur la nature de son handicap, l'origine de celui-ci… pourrait relever, d'un point de vue juridique, d'une discrimination. Au-delà du risque juridique, une telle formulation serait d'une totale inutilité pour le recruteur. En effet, si le candidat dit souffrir « d'une spondylarthrite ankylosante », que fera-t-il de cette information ? Ce que l'on cherche à cerner est la « situation de handicap », autrement dit les gênes et difficultés que pourrait rencontrer le candidat face à la situation de travail. Le cas échéant, le recruteur peut, dès l'entretien, imaginer avec le postulant des solutions d'adaptation de la situation de travail (techniques, organisationnelles…) : « Vous portez une prothèse au niveau du bras, ce qui m'amène à vous interroger sur les éventuelles difficultés que cela pourrait poser sur la tenue du poste. Le cas échéant, nous pourrions envisager des adaptations. »

Pour apprécier la capacité du candidat à tenir le poste, le recruteur doit aussi être à l'écoute de son interlocuteur : en effet, la personne handicapée est la plus à même de dire ce qu'elle est en capacité de faire ou de ne pas faire, ou d'expliquer comment elle peut s'acquitter d'une tâche par des stratégies de compensation. Bien sûr, elle peut avoir une tendance à minimiser ou cacher ses difficultés, mais n'est-ce pas le cas de tous les candidats dans un processus de recrutement ?

En tout cas, les éléments d'appréciation du recruteur quant à l'adéquation poste/handicap et aux éventuels aménagements nécessaires seront utilement validés, affinés et enrichis par le médecin du travail lors de la visite d'embauche. *A fortiori* si le handicap est mentionné mais invisible…

Durant l'entretien, la présentation de la politique handicap de l'entreprise et, plus largement, de sa politique RSE, est un passage obligé. Information légitime pour tout candidat, elle est un bon moyen de rassurer le candidat handicapé en lui montrant que le handicap est traité et pris en compte sans tabou. Parler de l'engagement de l'entreprise en faveur de l'emploi des personnes handicapées peut aussi être le « déclencheur » qui lèvera certaines barrières et facilitera les échanges : notamment lorsque le recruteur estime qu'il y a une probabilité pour que le candidat soit handicapé, sans que celui-ci l'ait écrit dans son CV ou clairement exprimé. Connaître la démarche de l'entreprise et ses actions en matière de handicap est une réassurance pour le postulant, qui sera alors plus en confiance pour dévoiler son handicap ou du moins les contraintes qui y sont liées.

Enfin, lors de l'entretien comme à la lecture du CV, il s'agit d'éviter que le recruteur ferme trop vite la porte à un postulant handicapé en se fondant sur sa seule et propre appréciation de personne « valide » : « Il est impossible pour une personne malentendante d'assurer un contact client. » À l'inverse, il ne doit pas non plus céder à la compassion, ce qui serait certainement un mauvais calcul tant pour l'entreprise que pour la personne elle-même.

La préparation de l'intégration

Préparer l'intégration d'un collaborateur handicapé, c'est trouver les réponses adaptées et pertinentes aux questions suivantes :

- faut-il informer et préparer l'équipe et le manager ?
- faut-il prévoir des mesures d'accompagnement particulières durant l'intégration (tutorat, suivi rapproché…) ?
- faut-il adapter le poste de travail ? travailler sur l'accessibilité de l'environnement de travail ? etc.

Pour répondre à ces questions, trois postulats s'imposent :

- Il convient, dès la préparation de l'intégration, de planifier la visite médicale d'embauche. En effet, les personnes handicapées relèvent des personnels dits à surveillance médicale renforcée (SMR)[1]. Or le législateur rappelle, notamment via la récente réforme de la médecine du travail, que, pour ces publics, la visite médicale doit être réalisée avant la prise de poste : un point qu'ignorent souvent les

---

1. Code du travail, article R. 241.50, arrêté du 11 juillet 1977.

opérationnels. Cette visite permet au médecin du travail de vérifier que l'état de santé du candidat est bien compatible avec le poste à pourvoir et d'identifier ses éventuels besoins spécifiques. En ce sens, elle est pour le recruteur une aide précieuse à la décision.

- L'intégration se prépare au cas par cas, en fonction du handicap, de ses répercussions éventuelles sur le poste et sur l'équipe, de la maturité de l'équipe par rapport au sujet.

- L'intégration se pense au regard des pratiques existantes, avec en perspective les notions d'égalité de traitement et de non-discrimination. Ainsi, quel sens aurait la nomination systématique d'un tuteur pour le nouvel entrant handicapé dans une entreprise où la notion de tuteur n'existe pas ?

En ce qui concerne l'information et la préparation de l'équipe et du manager, le recruteur devra mettre en balance le droit pour le salarié à la confidentialité et ce qui est nécessaire pour une bonne intégration, un bon fonctionnement avec l'équipe, une garantie de sécurité. Un exemple concret : le recrutement d'une personne épileptique impose que dans l'entourage professionnel immédiat du salarié, non seulement certains soient au courant, mais encore sachent faire les gestes de premier secours en cas de crise.

L'information et la préparation du collectif de travail s'envisagent alors sous deux aspects :

- qu'est-ce que les collègues doivent savoir pour prévenir les risques d'incompréhension, de mise à l'écart ou de rejet ?

- qu'est-ce que les collègues doivent savoir pour bien communiquer et travailler avec le nouveau venu ?

Informer et préparer l'équipe ne reposent pas sur une règle absolue, car celle-ci reste à imaginer au cas par cas, mais en tout état de cause, la teneur de l'information à délivrer à l'équipe accueillante devra être discutée en amont avec l'intéressé et validée par lui.

Au regard de l'aménagement de la situation de travail, le recruteur devra anticiper les délais nécessaires à l'organisation et à la réalisation des actions à mener. Nous l'avons vu, dans 85 % des cas[1], les

---

1. *Source* : Agefiph.

personnes handicapées n'ont pas besoin d'un aménagement pour tenir leur poste. Si toutefois la mise en adéquation du handicap et du poste nécessitait un aménagement, il faudrait tenir compte du délai préalable de mise en place, afin que l'aménagement soit effectif lors de la prise de poste. Il conviendrait alors de déterminer qui se chargerait du pilotage de l'action et du suivi de la réalisation.

L'obligation « d'aménagement raisonnable »...

La loi met en avant la notion « d'aménagement raisonnable », à réaliser sous réserve que cela ne constitue pas une « charge disproportionnée » pour l'employeur. Or le refus d'aménagement raisonnable peut constituer une discrimination.

L'aménagement raisonnable est une notion issue du droit communautaire[a]. Le droit communautaire précise que si l'aide est prise en charge de manière suffisante par l'État, la charge n'est pas disproportionnée.

Le Code du travail, quant à lui, ne définit pas ce qu'il faut entendre par « charge disproportionnée » et la jurisprudence interne n'apporte, à ce jour, guère d'éclaircissements à ce sujet. La seule indication donnée par les textes porte sur la prise en compte des aides que l'employeur peut obtenir.

Pourtant le fait que l'Agefiph ne finance pas à 100 % le coût de l'aménagement ne saurait suffire à caractériser une charge disproportionnée.

a. Article 5 de la directive 2000/78 : afin de garantir le respect du principe de l'égalité de traitement à l'égard des personnes handicapées, des aménagements raisonnables sont prévus. Cela signifie que l'employeur prend les mesures appropriées, en fonction des besoins dans une situation concrète, pour permettre à une personne handicapée d'accéder à un emploi, de l'exercer ou d'y progresser, ou pour qu'une formation lui soit dispensée, sauf si ces mesures imposent à l'employeur une charge disproportionnée. Cette charge n'est pas disproportionnée lorsqu'elle est compensée de façon suffisante par des mesures existant dans le cadre de la politique menée dans l'État membre concerné en faveur des personnes handicapées.

En fonction du handicap considéré, il faut aussi s'interroger en phase de pré-intégration sur l'accessibilité de l'environnement de travail, l'accès aux locaux sociaux ou au restaurant d'entreprise par exemple, mais aussi l'accès aux équipements, aux produits, à l'information, à la formation.

En un mot, préparer l'intégration amène à formaliser un programme d'action avec un rétroplanning, des ressources et un coordinateur, souvent le chargé de Mission Handicap ou l'un de ses référents.

La grille de compatibilité : un outil pour recruter et intégrer

Nous l'avons vu, le handicap est situationnel et s'apprécie dans l'univers professionnel par rapport à un emploi donné : d'où l'intérêt d'analyser les conditions d'exercice et les contraintes physiques, cognitives et environnementales d'un poste. C'est le rôle de la grille d'analyse de compatibilité, qui vise trois objectifs :

- informer un candidat des contraintes du poste, afin qu'il soit en mesure de se prononcer sur son aptitude à occuper ce poste, et sur ses éventuels besoins d'adaptation de la situation de travail ;
- informer les partenaires du recrutement des contraintes d'un poste, afin qu'ils soient en capacité d'adresser des candidatures adaptées ;
- cerner les points d'incompatibilité pour imaginer les aménagements nécessaires, le cas échéant.

À la lumière des objectifs précités, la grille de compatibilité peut être utilisée de manière transverse :

- lors de la définition et de l'expression du besoin : quelles sont les contraintes du poste ?
- lors de la sélection du candidat : le candidat est-il en mesure d'assumer ces contraintes ?
- lors de la préparation de l'intégration : pour répondre aux différentes exigences du poste, des aménagements sont-ils nécessaires ?
- lors de la visite d'embauche assurée par la médecine du travail.

Outils d'aide à la décision, les grilles de compatibilité favorisent un dialogue sur des bases objectives entre les différents acteurs : le recruteur, le manager, les partenaires de placement, le médecin du travail et le candidat. Elles permettent d'affiner leur réflexion en portant un autre regard sur le poste que celui des compétences requises. Deux remarques récurrentes d'opérationnels nous paraissent bien résumer le sens et l'intérêt de la grille d'analyse de compatibilité : « Si je trouve le candidat qui répond à toutes ces contraintes, je le prends plutôt deux fois qu'une... » ; « Mais finalement, les contraintes du poste qui sont mises en avant valent aussi pour une personne valide. Pourquoi ne pas les utiliser pour tout recrutement ? » La dernière remarque vient d'un partenaire de placement : « L'intérêt de la grille n'est pas tant dans le recensement des contraintes que dans la discussion qu'elle permet de créer avec le manager, le candidat et nous. »

Exemple de grille d'analyse des contraintes liées à un poste de commercial

Critères d'analyse	Tâches principales à effectuer	Fréquence			
		Continue	Souvent	Parfois	Rarement
Contraintes physiques					
Conduite d'un véhicule	Déplacements quotidiens pour se rendre en clientèle		×		
Station assise prolongée	Conduite entre 3 heures et 6 heures Au-delà, transport en commun de type train ou avion		×		
Port de charges sup. à 30 kg	Implantation et mise en rayon en magasin : porter, soulever, transporter, pousser			×	
Horaires décalés	Lors des implantations, avant ouverture du magasin			×	
Mouvements	Flexion, extension haut et bas du corps, rotation du buste pour implantation			×	
Plusieurs déplacements en journée	2 à 3 déplacements par jour		×		
Mobilité	France entière	×			
Contraintes cognitives					
Conceptualisation	Mettre en œuvre un plan d'action commercial, répondre aux appels d'offres	×			
Opérations mathématiques	Propositions commerciales en relation avec les volumes et les marges unitaires, maîtriser son coût de négociation	×			
Mémorisation	Connaissance de ses outils de vente : tarifs, argumentaires, barèmes, etc.	×			

Critères d'analyse	Tâches principales à effectuer	Fréquence			
		Continue	Souvent	Parfois	Rarement
Contraintes physiques					
Attention soutenue	Conduite, écoute active	×			
Attention sélective	Prise de note, reformulation	×			
Analyse logique	Analyse des besoins, bilan comptable, compte de résultat	×			
Rythme	Enchaînement et succession de tâches simples et complexes	×			
Contraintes sensorielles					
Vue et audition	Conduite, analyse des besoins en rayon, contact client téléphonique	×			
Contrainte du langage					
Langage parlé	Vente, prospection commerciale, entretiens clients	×			
Contraintes environnementales					
Exposition à la poussière	Recueil de la marchandise dans les entrepôts, implantation et mise en rayon			×	

MENER UNE POLITIQUE DE RECRUTEMENT : PISTES D'ACTION

Vouloir favoriser l'emploi de personnes handicapées dans l'entreprise implique-t-il d'envisager des actions particulières ? La réponse est oui. L'objet n'est pas de mettre en place un traitement différencié, ce qui serait discriminant. Il est de tenir compte d'une réalité : les caractéristiques socioprofessionnelles des demandeurs d'emploi handicapés, l'existence et l'intervention d'organismes spécifiques, la nécessité d'examiner l'impact du handicap sur la situation de travail… Il est aussi d'intégrer, côté entreprise, l'existence de freins, intentionnels ou non, qui viennent faire obstacle au recrutement de collaborateurs en situation de handicap : stéréotypes

et préjugés, pratiques et critères de recrutement standardisés potentiellement pénalisants pour un public handicapé…

Anticiper les besoins : une nécessité

Les entreprises recrutent encore souvent dans l'urgence. Or le recrutement de travailleurs handicapés peut nécessiter des délais plus
importants que ceux d'usage.

▪ Le marché de l'emploi des personnes handicapées est tendu :
  trouver le bon candidat peut prendre du temps.

  – Avec le renforcement des pénalités financières à l'encontre des
    entreprises en-deçà des 6 %, on assiste à une forme de « concur-
    rence » entre les entreprises pour recruter des candidats en situa-
    tion de handicap, a fortiori quand ils sont qualifiés et
    immédiatement opérationnels. Cette tension sur le marché est
    particulièrement visible sur des régions telles que l'Île-de-France.

  – Ajoutons à cela les caractéristiques socioprofessionnelles des
    demandeurs d'emploi handicapés. 31,1 % d'entre eux ont 50 ans
    ou plus (15,6 % pour les tous publics) et l'on sait que les entre-
    prises, malgré le développement des politiques seniors, restent
    encore frileuses sur la question. 30 % des demandeurs d'emploi
    handicapés ont un niveau de formation inférieur au CAP (22 %
    pour les tous publics)… Un déficit en termes de qualification qui
    resserre encore le « panel » pour les recruteurs en recherche de
    profils qualifiés et pousse les entreprises à modifier leurs
    pratiques… en allant chercher des candidats avant leur entrée sur
    le marché du travail et/ou en montant des parcours de formation
    pour amener des personnes handicapées au plus près des profils
    qu'elles recherchent[1]. Or, tout cela n'est pas envisageable si
    l'opérationnel a besoin d'une ressource dans l'urgence ! Ainsi,
    l'entreprise pourra être amenée à se tourner vers des structures
    dont la vocation première n'est pas le placement[2] : les centres de
    rééducation professionnelle (CRP) par exemple, structures fonc-
    tionnant parfois dans une temporalité différente de celle de

---

1. Voir paragraphe « Les programmes de formation sur mesure », p. 123.
2. Voir paragraphe « Élargir le sourcing », p. 114.

l'entreprise. En anticipant, le recruteur sera en mesure de travailler en amont avec les partenaires spécialisés sur l'explicitation du besoin, la sélection et la préparation des candidats.

- Le processus de recrutement et d'intégration peut lui aussi nécessiter des délais. Dans les cas où un aménagement s'avérerait nécessaire, il est important de mobiliser les aides de l'Agefiph, de solliciter les ressources adéquates (ergonome, fournisseur de matériel…) et de mettre en place l'aménagement… Selon la nature du handicap, une intégration progressive dans l'équipe sera parfois indiquée.

  – Les aides de l'Agefiph[1] en matière de recrutement sont multiples mais requièrent le dépôt d'un dossier et un délai d'instruction. On rappellera toutefois que les entreprises sous accord ne peuvent plus, à quelques exceptions près, solliciter les aides de l'Agefiph. En outre, depuis peu, les aides ne sont plus systématiquement accordées et doivent être instruites par le Cap Emploi local.

  – Une mention spéciale doit être faite à un dispositif de droit commun : l'évaluation en milieu de travail (EMT) ou l'évaluation en milieu de travail préalable au recrutement (EMTPR)[2]. L'objectif est de vérifier les compétences et capacités professionnelles d'un demandeur d'emploi en situation réelle de travail. Ce type d'opération est à monter avec le Pôle Emploi. Avec l'EMT ou l'EMTPR, l'entreprise pourra « tester » des candidats et offrir ainsi la possibilité à l'équipe et au manager de se rendre compte des qualités de la personne : un temps « d'apprivoisement mutuel » particulièrement précieux lorsque les personnes sont en situation de handicap.

- Comment anticiper ? Á cette question, on répondra bien sûr par la gestion prévisionnelle des emplois et des compétences (GPEC) : identifier les métiers de demain ainsi que les postes qui vont se libérer, qu'ils soient ou non tenus par des travailleurs handicapés. Certaines Missions Handicap n'hésitent d'ailleurs pas à s'appuyer sur

---

1. Pour en savoir plus, se reporter au site de l'Agefiph : agefiph.fr
2. L'EMTPR permet de tester un candidat pendant une durée pouvant aller jusqu'à 40 heures sur 5 jours. La durée maximale de l'EMT est de 80 heures.

les démarches et accords GPEC existants pour travailler dans l'anticipation. Dans la perspective d'anticiper, les chargés de Mission Handicap tentent également de se constituer un vivier de candidatures. Le principe est de disposer d'une base de candidats pré-validés par le biais de stages, de contrats en intérim ou de CDD, et d'y puiser en cas d'ouverture de postes. Néanmoins le vivier n'est pas possible partout, ni dans tous les secteurs d'activité. Subsiste la difficulté du *sourcing*, une réalité à laquelle les entreprises se trouvent confrontées, qu'elles veuillent constituer un vivier ou trouver des candidatures pour un poste à pourvoir. Dans ce contexte, communiquer sur l'engagement de l'entreprise, faire de la veille, s'ouvrir à de nouvelles méthodes de recrutement… chaque entreprise déploiera son propre programme d'actions. Une chose est sûre, il sera difficile de trouver les bons candidats si l'on recrute dans l'urgence.

Témoignage

«… des cursus construits sur mesure ouvrent de nouveaux horizons… »

■ *Marie-Noëlle BORDIER, responsable Mission Handicap, Dassault Systèmes*

« Lorsque Dassault Systèmes s'est engagé dans sa politique handicap, nous n'avions pas mesuré l'ampleur des difficultés liées au recrutement, du fait notamment de notre niveau d'exigence à bac + 5. Nous nous sommes rendu compte que, malgré nos actions de sensibilisation, la Mission Handicap faisait en quelque sorte écran, et que les chargés de recrutement restaient éloignés de la population des travailleurs handicapés.

Nous avons alors décidé de créer un "électrochoc" en organisant en octobre 2011 un forum dédié, pour qu'une vraie rencontre ait lieu. En partenariat avec Hanploi.com[1], nous avons sélectionné trente-quatre personnes répondant à nos offres d'emploi, qui ont toutes été reçues par des recruteurs très mobilisés. En 2011, nous avons ainsi recruté onze collaborateurs (CDD, CDI, stage). Ce résultat encourageant est à l'image de la réalité du marché, les profils correspondant à nos attentes en termes de compétences étant de plus en plus nombreux.

Depuis 2011, nous utilisons également le *multiposting*, pour rendre l'ensemble de nos offres d'emploi automatiquement visibles sur tous les

…/…

---

1. Dassault Systèmes est membre fondateur du site.

sites spécialisés "handicap". Il est trop tôt pour en mesurer les effets, mais cette visibilité permet d'atteindre des personnes qui ont ainsi une meilleure connaissance de nos métiers. Grâce à des cursus construits sur mesure avec nos partenaires[1], nous avons pu intégrer et accompagner en 2012 deux apprentis, éloignés depuis plusieurs années de l'emploi, qui se sont engagés dans un parcours de formation bac + 3, bac + 5. Toutes nos embauches sont aujourd'hui accompagnées en amont du recrutement, puis tout au long de la carrière du collaborateur.

Une meilleure information sur nos métiers high-tech et l'accompagnement individualisé, avec des cursus construits sur mesure, ouvrent de nouveaux horizons aux personnes en situation de handicap et facilitent leur intégration dans notre entreprise.

Élargir le sourcing

À côté des organismes classiques que sont Pôle Emploi, l'Apec et Cap Emploi, on assiste depuis quelques années à l'émergence de nouveaux partenaires : *jobboards*, cabinets de recrutement, associations dédiées… Pourtant, les difficultés à trouver des candidats persistent. Sur cette question, deux pistes d'action nous paraissent devoir être mises en avant : élargir son sourcing pour capter des candidats qui ne seraient pas encore sur le marché de l'emploi… et communiquer largement, pour être identifié comme employeur potentiel par des candidats non drainés par les réseaux spécialisés.

Les partenaires incontournables

On distingue deux types de partenaires :

- Les canaux de recrutement spécialisés, dédiés par nature au placement de personnes handicapées. Les plus connus sont les Cap Emploi[2]. Il s'agit d'organismes assurant une mission de service public dédiée à l'emploi des personnes handicapées. Ils sont financés par l'Agefiph, conventionnés par l'État et cotraitants de Pôle Emploi. Ils couvrent l'ensemble du territoire national, à

---

1. L'école IPI (filière informatique du Groupe IGS) et les centres de formation LB Développement et CNA-CEFAG.
2. Coordonnées sur le site de l'Agefiph ou sur *http://www.capemploi.com/*.

raison d'un Cap Emploi par département, parfois deux. À noter toutefois qu'ils drainent peu de candidatures qualifiées.

- Les canaux de recrutement généralistes qui ne sont pas dédiés par nature au recrutement de personnes handicapées : Pôle Emploi, l'Association pour l'emploi des cadres (Apec), les entreprises de travail temporaire. Ces partenaires de l'emploi sont susceptibles de drainer des candidatures de personnes handicapées, parmi d'autres.

Focus sur les agences de travail temporaire

Presque toutes les grandes sociétés d'intérim (Randstad, Adecco, Adia, Manpower, Crit, Kelly…) ont développé des actions visant à favoriser la délégation de personnel intérimaire en situation de handicap. Elles s'attachent donc à promouvoir l'emploi des personnes handicapées auprès de leurs clients.

Pour l'entreprise cliente, le recrutement d'une personne handicapée dans le cadre d'un contrat en intérim est expressément prévu comme l'un des moyens de s'acquitter de son obligation d'emploi.

Généralement, les sociétés d'intérim envoient en fin d'année à leurs clients un récapitulatif du nombre de travailleurs handicapés délégués, précisant le nombre d'unités correspondant valorisables dans leur taux d'emploi.

S'ouvrir à d'autres réseaux

En marge du réseau classique, il existe d'autres partenaires vers lesquels l'entreprise peut se tourner. On citera :

- les cabinets de recrutement spécialisés comme Défi RH, TH Conseil, Azur RH, Objectif Avenir… Ils peuvent accompagner l'entreprise dans la définition du poste à pourvoir, la rédaction de l'annonce, la recherche et la présélection de candidats, ainsi que dans la préparation de l'intégration ;
- les sites Internet, gratuits ou payants[1], comme le site de l'Agefiph ou celui d'Hanploi ;
- des associations telles l'Afij, qui accompagne les jeunes diplômés handicapés dans leurs démarches de recherche d'emploi *via* son dispositif Afij + handicap, mais aussi l'Arpejeh, qui s'adresse aux

---

1. Une liste des principaux sites figure en annexe.

élèves et étudiants handicapés – qu'ils soient au début, en cours ou à la fin de leur parcours de formation et qui veulent découvrir ou mieux connaître le monde de l'entreprise ; ou encore l'association Tremplin, qui se positionne comme « une passerelle entre le monde des études, de la formation et le monde du travail », et compte cent quatre-vingts entreprises adhérentes.

▪ Les structures du secteur adapté ou protégé, dont l'un des objectifs est de favoriser les passerelles avec le milieu ordinaire du travail[1].

Outre ces filières, nous incitons les entreprises à se tourner vers des structures dont la vocation première n'est pas le placement : centres de pré-orientation, centres de bilans ou organismes de formation par exemple… il s'agit dans ce cas de chercher à capter des candidats qui ne seraient pas encore sur le marché de l'emploi. Pour mieux prendre la mesure des possibilités, nous reprenons dans le tableau ci-dessous le parcours type d'une personne contractant un handicap en cours de vie (soit 85 % des personnes handicapées).

Parcours type d'une personne contractant un handicap

La phase de soins	
La difficulté de santé peut nécessiter une période de soins (hospitalisation, rééducation…) pendant laquelle la personne va privilégier sa guérison ou la stabilisation de sa situation de santé.	Une association, Comète France[a], peut intervenir dès l'hospitalisation des personnes dans un établissement en soins de suite et de réadaptation, pour accompagner les problèmes sociaux et professionnels du patient. L'accompagnement est donc principalement tourné vers la personne. Il est toutefois possible de prendre contact avec les équipes de Comète France pour faire connaître la politique handicap de l'entreprise et la possibilité qu'elle offre d'accompagner des projets d'emploi.
	⬛➡

---

1. Voir chapitre 10, « Collaborer avec le secteur adapté ou protégé », paragraphe « Une alternative au recrutement », p. 165.

La phase de remobilisation et d'élaboration d'un projet professionnel	
La personne peut avoir des difficultés psychologiques pour se projeter sur un projet professionnel (acceptation de son handicap) : c'est la phase de remobilisation. Elle doit ensuite identifier et valider un nouveau projet professionnel compatible avec sa santé.	Cette étape peut se faire avec l'aide de centres de bilans de compétences ou avec des organismes spécialisés. Les centres de pré-orientation[b] : ils sont financés par la Sécurité sociale. Ils accueillent, sur décision de la commission départementale pour l'autonomie des personnes handicapées (CDAPH), des personnes handicapées pour les accompagner dans la définition d'un nouveau projet professionnel. L'objectif est de valider un projet de reconversion professionnelle, qu'il s'agisse d'un projet de formation ou d'accès direct à l'emploi. Les prestataires de formations courtes[c] : il s'agit d'organismes (associations, centres de bilans, centres de formation, cabinets…) financés par l'Agefiph pour accompagner des personnes handicapées inaptes à leur ancien métier, dans la définition d'un nouveau projet professionnel. Les personnes leur sont adressées par Pôle Emploi et Cap Emploi.
La phase de formation	
Une fois le nouveau projet professionnel défini, il peut être nécessaire de passer par une étape de formation, permettant d'acquérir les compétences nécessaires à sa réalisation.	Cette phase de formation peut se faire dans des centres de formation de droit commun – dont certains se sont engagés sur le handicap – ou dans des centres spécialisés : les centres de rééducation professionnelle (CRP)[d]. Ce sont des organismes portés par des associations et financés par la Sécurité sociale. Ils accueillent, sur décision de la CDAPH, des personnes qui ne peuvent plus exercer leur ancien métier et dispensent des formations qualifiantes dans un environnement médico-social adapté. Ces formations, d'une durée souvent longue (12 à 24 mois), incluent des périodes de stage en entreprises.
La phase de recherche d'emploi	
Le projet professionnel est clair et la personne dotée des compétences requises : il revient à la personne de trouver un employeur.	Lors de la recherche d'emploi, la personne handicapée se tournera vers les opérateurs déjà cités plus haut : Cap Emploi, sites Internet, cabinets spécialisés…

a. Coordonnées sur le site de Comète France : *http://www.cometefrance.com/*.
b. Coordonnées sur le site de la Fagerh : *http://www.fagerh.fr/*.
c. Coordonnées de prestataires de formations courtes : prendre contact avec sa délégation régionale Agefiph.
d. Le site Internet de la Fagerh recense la plupart des CRP en France : *http://www.fagerh.fr*.

À chaque étape, la personne est susceptible d'être accompagnée ou intégrée dans un dispositif impliquant les organismes précités.

Pour l'entreprise, il est donc intéressant de faire connaître sa politique handicap auprès de ces différents organismes, l'objectif étant :

- d'être identifiée comme terrain de stage possible et de se constituer ainsi un vivier de candidatures ;
- de se positionner comme recruteur potentiel avant la phase effective de recherche d'emploi.

On constate dans les faits que certaines entreprises parviennent à établir des collaborations exemplaires, avec des CRP notamment.

Témoignage

« L'important me paraît d'être innovant et de varier les pistes de *sourcing*. »

Stéphanie Le Dorner, chargée de Mission Handicap Malakoff Médéric

« Pour combattre la "fatalité" du manque de candidats handicapés, nous avons mis en place différentes actions pour recruter sur nos métiers. L'une d'entre elles a consisté à initier, en partenariat avec les autres responsables Handicap de la branche "prévoyance/protection sociale" (AGIRC ARCO) et un CRP[1], une formation diplômante au métier d'attaché commercial, sur lequel nous avions tous des besoins. Après sélection, le CRP nous a proposé les CV de personnes que nous avons rencontrées pour validation ; ensuite, les futurs stagiaires se sont positionnés sur l'une parmi la dizaine d'entreprises participantes, en fonction notamment de leur domicile.

D'une durée de 18 mois, ce dispositif couvre le territoire national. Depuis janvier 2012, les stagiaires alternent temps d'apprentissage en CRP – en commençant par une remise à niveau – et périodes de stages en entreprises. Ils vont découvrir les postes d'assistant commercial et de télémarketteur, ainsi que les métiers en boutique, et prendre déjà leurs marques.

Nous manquons forcément de recul sur cette expérience. En revanche, nous avons par le passé également recruté par le biais du

.../...

---

1. Le centre de rééducation professionnelle Coubert (77) accueille principalement des personnes en reconversion, en internat.

secteur adapté. Après un détachement satisfaisant au sein de l'entreprise et le développement d'une activité pérenne, nous avons embauché trois travailleurs handicapés en CDI.

Il nous est aussi arrivé de prendre des stagiaires, par exemple auprès de la Fondation d'Auteuil, ce qui a déjà donné lieu à une embauche.

En termes d'enseignement, l'important me paraît d'être innovant et de varier les pistes de *sourcing*, de garantir un accompagnement de qualité et d'accepter une temporalité différente de celle généralement applicable à un recrutement classique. »

Communiquer

S'il est un axe de la politique handicap sur lequel communiquer est important, c'est celui du recrutement. Communiquer sur la politique handicap de l'entreprise et ses métiers ne relève pas seulement d'un enjeu d'image. C'est également un moyen de drainer des candidatures.

Communiquer recouvre tout un panel d'actions, telles que participer à des événements sur le handicap, donner une place à la Mission Handicap dans le cadre des relations tissées avec les écoles, être présent dans la presse…

Mais au-delà des moyens qu'elle choisira, l'entreprise visera les objectifs suivants :

- faire savoir qu'elle est ouverte au recrutement de personnes handicapées ;
- faire connaître les métiers sur lesquels elle recrute ;
- donner envie de postuler à des personnes en situation de handicap.

L'étude OFER de la Dares[1] sur les pratiques de recrutement vient conforter l'importance de la communication…

Elle fait ressortir deux indicateurs : le premier est le taux de recours à chaque canal, qui rend compte des pratiques de *sourcing* opérées par les entreprises et de la façon dont elles se mobilisent pour trouver des candidats. Le second est le taux de recrutement, c'est-à-dire la part des recrutements que l'on peut imputer à chaque canal.

---

1. Dares : enquête « Offre d'emploi et recrutement » (OFER).

Que l'on prenne en compte le taux de recours ou le taux de recrutement, ce sont toujours les candidatures spontanées qui viennent en tête du classement, suivies des « relations professionnelles[1] ». Les partenaires de l'emploi et les annonces n'arrivent qu'ensuite.

Les deux indicateurs de l'importance des canaux de recrutement[2]

	Candidatures spontanées	Relations professionnelles	Intermédiaires publics	Annonces	Contacts ex-employés	Autres intermédiaires	Autres
Taux de recours	62,1 %	52,5 %	43,9 %	31,6 %	30,9 %	25,4 %	10,9 %
Taux de recrutement	23,4 %	22,8 %	18,6 %	12,3 %	9,8 %	10,8 %	2,3 %

Source : Dares, Enquête OFER, 2005.

Rappelons enfin qu'en matière de politique handicap une part non négligeable de personnes handicapées recherche un emploi sans faire état du handicap et ne passe pas par les réseaux spécialisés. Communiquer permet ainsi d'être directement identifié par ces candidats potentiels.

Le phénomène du « bouche à oreille » peut aussi être un bon moyen de drainer des candidatures, d'où l'importance de communiquer tant en interne qu'à l'externe.

---

1. Sont regroupés sous le vocable « relations professionnelles » : les réseaux personnels, les réseaux professionnels et les réseaux de clients, fournisseurs, prestataires et concurrents.
2. Le premier est le « taux de recours » à chaque canal, qui rend compte des pratiques de *sourcing* opérées par les entreprises et de la façon dont elles se mobilisent pour trouver des candidats. Le second est le « taux de recrutement », c'est-à-dire la part des recrutements que l'on peut imputer à chaque canal.

De nouvelles méthodes de recrutement

Habiletés et mises en situation

Nous l'avons vu, recruter des personnes handicapées remet en question les pratiques classiques de recrutement des entreprises.

L'une des méthodes qui a fait ses preuves, s'agissant des personnes handicapées, est la méthode de recrutement par simulation (MRS), dite « méthode des habiletés[1] » : dans ce cas, plus de CV ni de lettre de motivation, mais seulement des exercices reproduisant les conditions de travail du poste à pourvoir.

Importée du Québec en 1995, la méthodes des habiletés suscite un intérêt croissant de la part des entreprises. Depuis 1995, cinquante mille personnes ont été embauchées de cette manière. Le recrutement repose uniquement sur les habiletés cognitives, physiques et relationnelles définies pour le poste. Sont éliminés les critères liés à l'identité mais aussi à la qualification (diplôme, expérience).

Le processus proposé par Pôle Emploi se déroule en quatre temps :

- le repérage des habiletés nécessaires à la tenue du poste de travail, par le biais d'analyses de poste menées dans l'entreprise ;
- l'élaboration d'exercices simulant par analogie des situations professionnelles et permettant d'évaluer les candidats sur les habiletés nécessaires à la tenue du poste ;
- la sélection des candidats par Pôle Emploi, via un score à atteindre sur les exercices, préalablement déterminé avec l'entreprise ;
- l'entretien avec les recruteurs, lesquels s'engagent à procéder à l'embauche de ceux qui auront réussi l'ultime épreuve de l'entretien

Cette méthode présente bien des avantages par rapport aux pratiques de recrutement classiques. Elle favorise une sélection équitable, rationnelle et transparente des candidats. S'agissant des personnes handicapées, elle présente quatre intérêts majeurs :

---

1. En 2007, la méthode de recrutement par simulation s'est vue décerner un label par la Halde (Haute Autorité de lutte contre les discriminations et pour l'égalité), dans le cadre de l'Année européenne de l'égalité des chances pour tous.

- sortir des critères habituels de recrutement tels que le diplôme ou l'expérience professionnelle ;
- élargir la recherche de candidats tout en s'assurant de l'adéquation aptitudes requises/aptitudes du candidat ;
- ne pas se fonder sur le simple déclaratif de l'entretien et/ou du CV, mais placer le candidat en situation de « démontrer » ;
- appréhender la compatibilité entre le handicap et le poste mais aussi les éventuels besoins d'adaptation.

Habiletés : de quoi parle-t-on ?

Les habiletés constituent l'ensemble des capacités nécessaires pour réaliser un travail.

Elles sont transférables d'une situation à une autre.

Elles peuvent avoir été développées dans le cadre professionnel ou en dehors et ne transparaissent pas en tant que telles dans le CV.

Exemples :

- *Les habiletés psychomotrices* renvoient à la capacité d'utiliser des instruments, d'appliquer des techniques et des procédés spécifiques. Elles concernent l'exécution d'une tâche motrice, la manipulation des objets, la coordination musculaire et les mouvements du corps. Ainsi que l'habileté à manipuler des objets avec dextérité ou de l'habileté à exécuter une tâche dans des postures contraignantes…
- *Les habiletés d'ordre cognitif* se réfèrent à la capacité d'acquérir des connaissances, de comprendre des faits, des situations, d'extrapoler à partir de connaissances acquises, de résoudre des problèmes, de vérifier des hypothèses, de synthétiser, d'apporter un jugement critique fondé sur des critères, d'apporter des suggestions…

Toutefois, la MRS n'est pas utilisable pour les métiers qui requièrent une forte expertise technique – un comptable ne pourra pas être embauché par simulation. Elle s'applique et a été utilisée malgré tout à des secteurs très différents : grande distribution, bâtiment, industrie, transport, logistique, hôtellerie, téléprospection, agroalimentaire, animation, aéronautique… Une entreprise cherchant à recruter des personnes handicapées a donc tout intérêt à explorer la piste de la MRS.

Nous retiendrons également l'idée de mise en situation par l'*assessment center*. D'origine anglo-saxonne, l'*assessment center* – littéralement centre d'évaluation – est adapté des techniques pratiquées pendant la Seconde Guerre mondiale au sein des Services secrets britanniques et américains. Aujourd'hui, il est parfois utilisé en entreprise pour mieux cerner les compétences des candidats.

Il s'agit de mettre les candidats en situation et d'observer leur comportement. Grâce à des tests et des jeux de rôle, on peut ensuite déterminer si leur profil correspond aux attentes.

Dans ce cas, ce n'est pas tant la méthode qu'il faut retenir mais sa philosophie. C'est une approche de l'évaluation qui se fonde sur ce que « font » les candidats dans une situation donnée et non pas sur ce qu'ils « sont » en termes de diplôme, de niveau intellectuel, ou d'appartenance sociale. Une approche qui peut à ce titre être intéressante lorsqu'il s'agit de recruter des personnes en situation de handicap.

Les programmes de formation sur-mesure

À l'origine de cette idée, plusieurs constats :

- les entreprises rencontrent des difficultés pour identifier des candidatures de personnes handicapées formées à leurs métiers ;
- 80 % des travailleurs handicapés présentent un niveau de formation inférieur ou égal au CAP/BEP (niveau V) ;
- 85 % des personnes handicapées le deviennent en cours de vie, de sorte qu'une grande partie d'entre elles est contrainte d'opérer une reconversion professionnelle. Cette reconversion peut nécessiter une période de formation et d'apprentissage d'un nouveau métier ;
- en dehors des centres de rééducation professionnelle, il existe assez peu de dispositifs de formation « réservés » aux travailleurs handicapés.

De ce fait, certaines Missions Handicap se sont tournées vers le montage de programmes de formations spécifiques, avec comme objectifs :

- identifier le plus en amont possible dans leur parcours de reconversion professionnelle les candidatures de personnes susceptibles d'être recrutées ;

- réduire l'écart entre les compétences proposées par les travailleurs handicapés en recherche d'emploi et les exigences de l'entreprise ;
- au final, recruter des travailleurs handicapés formés aux métiers et à la culture de l'entreprise.

Il ne faut pas faire abstraction de la complexité de la démarche :

- elle suppose que l'entreprise soit en mesure d'anticiper et de définir précisément ses besoins à moyen terme, mais aussi qu'elle s'engage sur le recrutement d'un certain nombre de personnes à l'issue de la formation ;
- elle mobilise différents partenaires : selon les cas de figure, on sollicitera les partenaires qui trouveront et orienteront les personnes en situation de handicap (Cap Emploi en particulier), le ou les organisme(s) de formation, parfois l'Agefiph en tant que co-financeur, parfois encore d'autres entreprises du même secteur ou ayant des besoins similaires ;
- autre caractéristique de la démarche : sa temporalité. Le temps d'identification des stagiaires et la durée de la formation excluent toute éventualité d'un recrutement « dans l'urgence[1] ».

L'un des programmes les plus en vue est celui que déploie l'association HandiFormaBanques.

En juin 2007, huit banques et leur centre de formation créent l'association HandiFormaBanques, pour former des demandeurs d'emploi handicapés aux métiers bancaires.

HandiFormaBanques, en partenariat avec l'AFPA et le centre de formation de la profession bancaire (CFPB), met en place dans toute la France des actions de formation ciblées en fonction des besoins des entreprises :

- la formation s'adresse à des stagiaires ayant des niveaux de qualification allant du CAP au niveau bac + 2 ;
- le *sourcing* et la présélection des stagiaires sont réalisés en lien avec les partenaires de l'emploi, et notamment le réseau Cap Emploi ;

---

1. Voir paragraphe « Anticiper, une nécessité », p. 111.

- les stagiaires entament une période de préformation de huit semaines, avec des journées d'immersion dans les différentes banques participantes ;
- suit une année de formation en alternance dans le cadre d'un contrat de professionnalisation ;
- à l'issue de leur formation, les personnes sont recrutées par les banques adhérentes de l'association.

Les résultats sont probants : en septembre 2011, HandiForma-Banques communiquait sur un chiffre de plus de trois cents personnes handicapées recrutées par les banques adhérentes.

Témoignage

« … Nous avons choisi de revoir à la baisse notre niveau d'exigence habituel de bac + 2… »

Sandrine ARGENTEL, responsable formation et relations écoles au sein de la Mission Handicap Société Générale

« L'un des volets de ma mission consiste à faire connaître et coordonner le dispositif HandiFormaBanques, créé en 2007 à l'initiative de plusieurs groupes bancaires[1], à l'attention de personnes n'ayant pas *a priori* le niveau pour intégrer notre secteur. De notre réflexion commune est apparu un besoin de recrutements dans les métiers commerciaux : à l'époque les téléconseillers en centres d'appels, puis également les chargés d'accueil. Comme la population des demandeurs d'emplois handicapés est composée majoritairement de personnes de plus de 35 ans n'ayant pas le niveau bac, nous avons choisi de revoir à la baisse (à niveau bac) notre niveau d'exigence habituel de bac + 2, et de monter un parcours de formation adapté. Ainsi des candidats sans connaissance bancaire, mais avec une appétence commerciale, se voyaient offrir une deuxième chance…

Grâce à un maillage régional important du CFPB[2] et – pour ce qui nous concerne – toujours en collaboration avec les responsable RH et les relais Mission Handicap locaux, les entreprises participantes sélectionnent les futurs alternants lors de journées de présentation réci-

…/…

---

1. Membres fondateurs : Banque Martin Maurel, Barclays Bank, BNP Paribas, CFPB, HSBC France, LCL, Société Générale.
2. Centre de formation des professions de la banque.

proque. Après une préformation à l'AFPA de 2 mois (remise à niveau principalement), ils signent un contrat de professionnalisation : à eux de s'investir dans la durée, à nous de fournir un accompagnement personnalisé, notamment par le biais de tuteurs chevronnés.

En cinq ans, cinquante sessions d'une douzaine de personnes ont eu lieu, permettant à trois cent cinquante personnes d'être embauchées en CDD. Parmi ces dernières, 60 % à 70 % ont finalement obtenu un CDI. Certes l'outil fonctionne, mais nous continuons à l'optimiser, pour offrir un "service après-vente" de qualité à l'ensemble des acteurs. »

Donner des repères, former et accompagner les recruteurs

Fixer des objectifs, poser des principes

Par objectif, on entend d'une part des objectifs chiffrés sur lesquels les différents acteurs de l'entreprise sont responsabilisés :

- il est essentiel que l'objectif de recrutement soit ventilé par établissement ou par service ou par *business unit* et non dilué, c'est-à-dire fixé globalement à l'échelle de l'entreprise ;
- comme tout objectif, il doit être lisible : on préférera un objectif exprimé en nombre de recrutements plutôt qu'en pourcentage sur le flux d'embauche ;
- il doit être inscrit dans le temps. À cet égard, il nous paraît plus judicieux de fixer un objectif annuel plutôt qu'un objectif sur trois ans, même si la temporalité habituelle d'un accord est de trois ans ;
- il doit être réaliste : fixer un objectif de cinquante recrutements sur une entité n'ayant pas de perspective de recrutements risque de ne guère mobiliser les énergies.

La fixation d'objectifs évoquée ici concerne l'interne. En effet, l'accord ou la convention amène l'entreprise à s'engager sur un axe recrutement dont l'expression est très variable d'une entreprise à l'autre : nombre de recrutements, croissance du taux d'emploi, pourcentage du flux d'embauche… Il ne faut donc pas confondre les engagements figurant dans l'accord ou la convention avec ceux fixés en interne. D'autre part, les objectifs qualitatifs porteront sur les points essentiels à une bonne intégration : la compatibilité handicap/poste, l'accueil du nouvel embauché, son accompagnement, sa formation aux pratiques de l'entreprise, le suivi de son parcours d'intégration…

Fixer des objectifs en interne vise à mobiliser et responsabiliser les opérationnels, en leur donnant une vision claire de ce que l'entreprise attend d'eux dans le cadre de sa politique d'emploi de personnes handicapées.

La question des principes est tout aussi fondamentale. Il existe une opposition apparente entre le recrutement, qui consiste à rechercher le candidat idéal (le plus compétent, le plus expérimenté, ponctuel, dynamique, etc.) et la personne handicapée, qui renvoie à une personne ayant une fragilité. Aussi, pour éviter au recruteur le sentiment de recevoir des injonctions paradoxales, il est essentiel de clarifier les principes qui le guideront dans son action.

L'entreprise qui vise un changement de regard sur le handicap et une modification durable des pratiques positionnera le recrutement de personnes handicapées comme une démarche de ressources humaines, et non une démarche caritative. Ainsi, recruter des personnes handicapées doit correspondre à un besoin de l'entreprise. Il ne s'agit donc pas de créer des postes sans valeur ajoutée ou de recruter en sureffectif pour se donner bonne conscience. Une entreprise qui s'engagerait sur la voie de la compassion risquerait de renforcer les stéréotypes (moindre productivité, moindre capacité des personnes handicapées). Or la finalité est de permettre à des personnes porteuses d'un handicap de s'intégrer dans la vie sociale en se réalisant et en contribuant à la performance de l'entreprise, comme tout autre salarié.

Former et sensibiliser : pourquoi ? à quoi ?

Si la formation et la sensibilisation des équipes ne sont pas les seules actions à mettre en place, elles sont toutefois incontournables pour qui souhaite effectivement favoriser l'emploi de collaborateurs handicapés. Pourquoi cela ?

En premier lieu, à cause des préjugés et des appréhensions que chacun peut nourrir, consciemment ou non, à l'égard des personnes handicapées. Ensuite parce que les personnes handicapées en recherche d'emploi présentent des spécificités qui doivent amener les recruteurs à modifier leurs pratiques : s'attacher aux capacités et habiletés des candidats plutôt qu'à leurs diplômes, savoir interpréter les périodes d'inactivité ou les « incidents de parcours »…

Enfin, parce que recruter une personne handicapée requiert des connaissances techniques sur les partenaires de recrutement, les aides mobilisables, les obligations en matière de visite médicale et autres subtilités qu'un recruteur doit apprendre à maîtriser.

Le tableau ci-dessous reprend les thèmes et les objectifs pédagogiques pour chacun des aspects d'une formation au recrutement.

Thèmes et objectifs d'une formation au recrutement

Thèmes abordés	Objectifs pédagogiques
La notion de handicap	Lever les craintes et les préjugés Démontrer qu'handicap et emploi sont deux notions compatibles
La politique handicap et les engagements de l'entreprise	Partager les enjeux, les tenants et les aboutissants de la politique handicap de l'entreprise Poser les principes qui fondent la démarche de recrutement d'une personne handicapée Expliciter les objectifs et les moyens mis en place par l'entreprise
Les spécificités du marché de l'emploi et des demandeurs d'emploi handicapés	Faire prendre conscience des difficultés auxquelles les recruteurs risquent de se heurter, identifier les moyens de contournement Les amener à réinterroger leurs pratiques (*sourcing* et lecture des CV)
Les partenaires de placement	Présenter les structures susceptibles de proposer des candidatures ainsi que leur mode de fonctionnement
L'entretien de recrutement	Mettre les recruteurs en capacité d'aborder le handicap en toute transparence et sans tabou
Les aides mobilisables[a]	Identifier les aides financières et techniques dont peuvent bénéficier l'entreprise et le collaborateur, selon que l'entreprise est ou non signataire d'un accord Présenter les contrats aidés de droit commun et ceux spécifiques aux personnes handicapées
La préparation de l'intégration	Mettre les recruteurs en capacité de savoir convaincre un manager ou une équipe « réticente » Alerter sur les spécificités éventuelles de l'intégration d'un collaborateur handicapé : sensibilisation de l'équipe, vigilance sur la compatibilité entre le handicap et la situation de travail, visite médicale, accompagnement par un tuteur…

a. Pour en savoir plus : voir le site de l'Agefiph, agefiph.fr.

Chapitre 9

Maintenir dans l'emploi

CE QU'IL FAUT SAVOIR SUR LE MAINTIEN DANS L'EMPLOI

Les enjeux

Le maintien dans l'emploi doit permettre à un salarié de conserver un emploi, dans des conditions compatibles avec son état de santé, et de poursuivre sa carrière en écartant la menace d'inaptitude. Ainsi défini, le maintien dans l'emploi ne se réduit pas au reclassement du collaborateur à son poste ou à un autre poste dans l'entreprise. Son champ est plus large : l'objectif est de préserver l'activité professionnelle du collaborateur, que ce soit à l'intérieur ou hors de l'entreprise dans laquelle il est confronté à des difficultés de santé.

Cette définition étant posée, il convient d'insister sur les enjeux du maintien dans l'emploi : déployer une politique de maintien dans l'emploi répond en effet à des enjeux à la fois forts et multiples.

Un enjeu contractuel pour les entreprises engagées

Les entreprises engagées sur le handicap développent presque systématiquement un axe sur le maintien dans l'emploi des collaborateurs qui deviendraient handicapés ou dont le handicap s'aggraverait. Il s'agit là d'un passage quasi obligé, que l'on parle d'accord ou de convention[1]. Par ailleurs, le maintien dans l'emploi d'un salarié handicapé dans l'entreprise constitue un levier pour augmenter le taux d'emploi. Ainsi,

---

1. Voir chapitre 6 « Contractualiser sa politique Handicap », p. 53.

un collaborateur en difficulté de santé à son poste pourra être décompté dans les 6 %, sous réserve qu'il entre dans les bénéficiaires de la loi[1]. Or les entreprises qui contractualisent leur politique handicap s'engagent généralement sur l'atteinte d'un taux d'emploi.

Un enjeu légal

Dans le cadre de l'obligation de reclassement, la loi impose que face à une situation d'inaptitude, l'employeur « mette tout en œuvre » pour proposer au salarié un emploi approprié à ses capacités et aussi comparable que possible à l'emploi précédemment occupé[2]. S'il n'a pas d'obligation de résultat en la matière, il a en revanche une obligation de moyens. Autrement dit, l'employeur doit être capable d'apporter la preuve de ce qu'il a entrepris pour tenter de conserver le salarié dans l'emploi.

La procédure de reclassement : cas général[3]

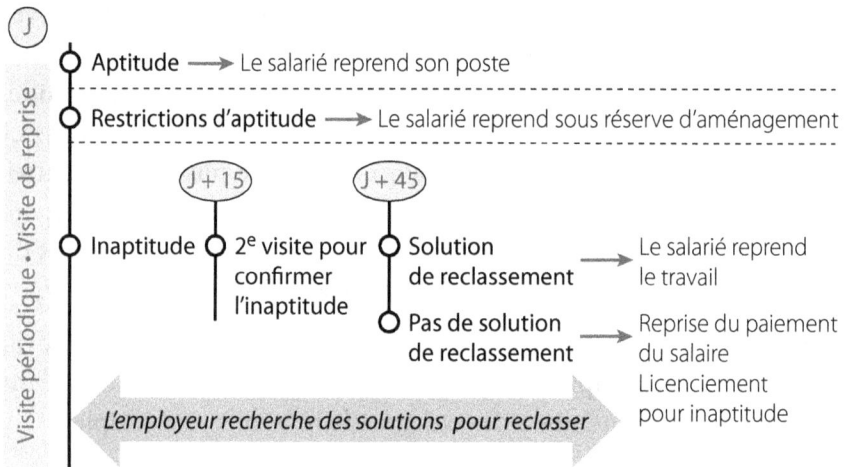

---

1. Voir encadré « Les bénéficiaires », p. 26.
2. Code du travail, article L. 1226-2.
3. La procédure diffère dans trois cas :
   – en cas d'inaptitude suite à un accident du travail ou à une maladie professionnelle, les textes prévoient une consultation des CHSCT ou DP ;
   – en cas d'inaptitude avec danger immédiat, le nombre de visites médicales est réduit à une seule visite ;
   – dans le cas où une visite de pré-reprise aurait déjà permis de constater l'inaptitude dans les trente jours précédents la visite de reprise, la procédure ne comporte qu'une seule visite médicale.

Témoignage

« Les risques liés au maintien dans l'emploi dépassent l'obligation de reclassement. »

▪ *Benjamin Desaint, avocat spécialiste en droit du Travail et en droit de la Sécurité sociale et de la protection sociale au sein de la SCP Fromont-Briens*

« Au plan juridique, la question du maintien dans l'emploi est intimement liée à l'obligation de reclassement. En cas d'inaptitude déclarée par le médecin du travail, l'employeur est tenu de lancer une recherche de reclassement "conformément aux recommandations du médecin du travail". À ce stade, il est parfois confronté à des recommandations inadaptées à la réalité des métiers exercés par les salariés au sein de l'entreprise. Pourtant, en tout état de cause, il est important de garantir la traçabilité des efforts accomplis par l'entreprise afin de prendre en considération la position de la médecine du travail.

Dans le cadre de l'obligation de reclassement, l'employeur est soumis à une obligation de moyens, et doit rechercher, dans le groupe, des pistes parmi les postes où la "permutabilité" est envisageable, à niveaux équivalents de responsabilités et de qualification. Si le salarié concerné, estimant que "tout n'a pas été mis en œuvre" pour le reclasser, procède à la saisine du conseil des prud'hommes, le risque de condamnation pour l'employeur[1], en cas d'ancienneté supérieure à deux ans, s'élève à un montant d'au moins six mois de salaire, sous réserve de l'effectif de l'entreprise.

Toutefois, les risques liés au maintien dans l'emploi dépassent l'obligation de reclassement. Le salarié peut ainsi rompre le contrat de travail aux torts de l'employeur, à l'appui d'une situation de "manquement grave à l'obligation de sécurité de résultats", et demander des dommages et intérêts. Pour illustration : expose l'employeur à ce risque, ainsi qu'à celui de reconnaissance d'une "faute inexcusable", son manque de diligence afin de préserver la santé des salariés (visites de reprise, harcèlement moral, etc.).

Plus généralement, le non-maintien dans l'emploi peut également s'entendre lorsque l'employeur n'assure pas l'adaptation des salariés à leurs postes et outils de travail, du fait de l'évolution des métiers. »

---

1. « Sur le fond » du licenciement, sans parler d'éventuels risques relevant d'un défaut de procédure.

Un enjeu économique

Licencier un collaborateur déclaré inapte coûte cher, en particulier si l'inaptitude est liée à un accident du travail ou à une maladie professionnelle. Dans ce cas en effet, l'indemnité de licenciement légale est doublée et augmentée d'une indemnité compensatrice de préavis. À cela, il convient d'ajouter les coûts indirects d'un tel licenciement, souvent mésestimés ou tout simplement oubliés : à titre d'exemple, il peut s'agir de coûts liés au recrutement et à la formation d'une nouvelle personne, à la perte d'un savoir, ou encore de coûts de malfaçon ou de retard de production.

Un enjeu managérial et de ressources humaines

Dans un environnement où il n'est pas toujours facile de recruter et de fidéliser des collaborateurs, il serait paradoxal de ne pas s'appliquer à conserver quelqu'un que l'on a cherché, recruté, puis formé à son poste, et dont les compétences sont avérées.

Un enjeu d'image

Une entreprise engagée en faveur du maintien dans l'emploi renvoie aux collaborateurs l'image d'une d'entreprise solidaire, qui sait répondre présente pour un salarié atteint par une problématique de santé. Prouver par les faits que l'entreprise sait mobiliser des ressources pour trouver des solutions pérennes de maintien dans l'emploi est un signal socialement fort, mais aussi un facteur clé de succès pour la politique handicap. En effet, sachant que leur problème sera pris en compte, les collaborateurs seront plus en confiance pour en faire part à leur employeur, ce qui favorise une politique de détection précoce ; or, concernant le maintien dans l'emploi, l'anticipation est un gage de réussite[1].

En termes d'image externe, on ne peut mésestimer ni l'impact favorable de l'engagement réel de l'entreprise à prendre en compte les difficultés de santé de ses collaborateurs, ni l'incidence négative de son désinvestissement sur le sujet. Ainsi, le licenciement de salariés

---

1. Voir paragraphe « Détecter et anticiper les difficultés », p. 137.

pour un problème de santé pourra avoir des répercussions d'image notables sur les clients et le grand public.

L'enjeu d'image est aujourd'hui d'autant plus accentué que de nombreuses entreprises sont engagées dans une démarche de responsabilité sociale d'entreprise (RSE). C'est pour elles une manière de reconnaître qu'il est de leur responsabilité de contribuer à préserver un système de protection sociale lourdement impacté par le poids croissant du nombre de personnes ayant perdu leur activité professionnelle ou confrontées à un risque d'inaptitude.

Un enjeu social et humain

C'est là sans doute le plus fondamental. Peut-on considérer comme normal qu'une entreprise qui affiche des valeurs humaines et une responsabilité citoyenne puisse licencier un collaborateur du fait d'un problème de santé ? Ou qu'elle ne se positionne pas en amont des difficultés, en mettant en place une politique d'anticipation et de prévention ? C'est en ce sens que le maintien dans l'emploi se situe au cœur de la politique humaine de l'entreprise.

Un volet essentiel de la politique handicap

Les politiques handicap comportent presque toutes un engagement et un programme d'action sur le maintien dans l'emploi. Il y a plusieurs raisons à cela…

Maintenir dans l'emploi est un moyen d'atteindre les 6 % requis par les textes. En effet, pour faire évoluer son taux d'emploi, l'entreprise a plusieurs solutions en matière d'emploi direct : recruter des collaborateurs handicapés, mais aussi permettre à des salariés confrontés à des difficultés à leur poste de travail de conserver leur emploi dans des conditions compatibles avec leur état de santé. Ainsi, un collaborateur contractant une maladie impactant sa capacité à tenir son poste et ayant bénéficié d'un aménagement de sa situation de travail pourra être décompté dans les 6 %, sous réserve qu'il entre dans les bénéficiaires de la loi[1]. C'est pour cette raison

---

1. Voir encadré « Les bénéficiaires de la loi », p. 26.

qu'il est important pour un salarié en difficulté de santé au travail de faire une demande de reconnaissance de la qualité de travailleur handicapé, s'il n'entre pas déjà dans les bénéficiaires[1]. L'objectif de la RQTH dans ce cas précis est à la fois que le salarié puisse accéder aux aides réservées aux seuls bénéficiaires de la loi[2] et que l'entreprise puisse le décompter dans son taux d'emploi.

Pour une entreprise déployant une politique handicap, s'engager sur le maintien dans l'emploi relève d'une question de logique : quoi de plus normal pour une entreprise, qui a ou qui va recruter des collaborateurs en situation de handicap, que de se poser la question de leur maintien dans l'emploi dans le long terme ? Autrement dit, que prévoit l'entreprise pour ceux qui, par la suite, se trouveraient en difficulté soit parce que leur état de santé se serait dégradé, soit parce la situation de travail aurait évolué, dans le cadre par exemple d'un changement d'organisation créant de nouvelles contraintes, incompatibles avec les capacités du collaborateur ? Engagées dans une politique handicap, les entreprises se doivent d'offrir aux personnes handicapées qu'elles recrutent les conditions d'une présence durable dans l'entreprise.

Au-delà, il y aurait quelque chose de choquant à l'idée qu'une entreprise puisse s'engager sur le recrutement de personnes handicapées sans travailler parallèlement à prendre en compte des difficultés de santé auxquelles se trouveraient confrontés des salariés déjà en poste, qu'ils soient handicapés ou non. Cette idée est encore plus évidente dans les entreprises qui voient se développer des maladies professionnelles, comme les troubles musculo-squelettiques (TMS). Le maintien dans l'emploi est, en ce sens, une passerelle entre le champ spécifique de la politique handicap et celui, plus global, de la santé au travail de l'ensemble des collaborateurs.

Une problématique amenée à se développer

Force est de constater que les entreprises se trouvent et se trouveront dans les années à venir, de plus en plus confrontées à la néces-

---

1. Voir encadré « Les bénéficiaires de la loi de 2005 : qui décompter dans les 6 % ? » p. 26.

2. Voir paragraphe « Les dispositifs d'aides », p. 155-156.

sité d'engager une politique de maintien dans l'emploi. Et ceci pour plusieurs raisons…

Les risques juridiques

Ne serait-ce que pour des questions de risque juridique, l'entreprise va devoir se montrer de plus en plus vigilante. Le maintien dans l'emploi est lié à la notion d'inaptitude au travail et renvoie par conséquent à l'obligation de reclassement faite à l'employeur. Le Code du travail prévoit que, lorsqu'un salarié est déclaré par le médecin du travail inapte à reprendre le poste qu'il occupe – voire inapte à tout emploi dans l'entreprise – l'employeur doit lui proposer un autre poste approprié à ses capacités et aussi comparable que possible à l'emploi précédemment occupé[1]. Dans cette perspective, l'employeur doit envisager l'ensemble des mesures possibles permettant le maintien dans l'entreprise : mutation, transformation du poste de travail ou aménagement du temps de travail. Si le salarié n'est ni reclassé dans l'entreprise, ni licencié à l'issue d'un délai d'un mois à compter de la date de l'examen médical, l'employeur est tenu de verser à l'intéressé, dès l'expiration de ce délai, le salaire correspondant à l'emploi que celui-ci occupait avant la suspension du contrat de travail[2]. Cette obligation n'est pas nouvelle. Pourtant, l'on constate une sévérité croissante des juges vis-à-vis de l'employeur qui ne saurait démontrer qu'il a effectivement envisagé l'ensemble des mesures possibles pour que le salarié soit reclassé. Nombreux sont les cas de jurisprudence avec condamnation de l'entreprise, si les recherches de cette dernière ont été jugées insuffisantes, comme par exemple, des recherches circonscrites à l'entreprise alors que cette dernière fait partie d'un groupe. À ce titre, la recherche réelle de solutions de maintien dans l'emploi devient incontournable. Il n'est plus question de chercher des solutions « à la sauvette » pour éviter d'avoir à verser le salaire alors que le collaborateur n'est pas en mesure de travailler.

© Groupe Eyrolles

---

1. Voir témoignage SCP Fromont-Briens, p. 131.
2. Articles du Code du travail : L. 1226-2 à L. 1226-4, L. 4624-1 et R. 4624-10 à R. 4624-32.

Une cible élargie

En outre, si le concept de maintien dans l'emploi s'est développé à propos des travailleurs handicapés, cette préoccupation concerne aujourd'hui un public beaucoup plus large : l'ensemble des salariés qui éprouvent des difficultés à tenir leur emploi pour des raisons de santé. En effet, chaque année en France, plus d'un million de salariés se voit notifier un avis du médecin du travail comportant des restrictions d'aptitude ou des demandes d'aménagement de poste. Plusieurs dizaines de milliers d'entre eux sont déclarés inaptes à tout poste dans l'entreprise et licenciés. Toutes les entreprises sont concernées. Le vieillissement des effectifs, conjugué à l'allongement de la vie au travail, à l'augmentation des maladies professionnelles et des pathologies lourdes autres que professionnelles pour lesquelles le progrès médical permet une activité professionnelle aménagée, se traduira nécessairement, dans les années à venir, par une recrudescence des problématiques de maintien dans l'emploi.

L'interaction avec d'autres thèmes de la politique sociale

Enfin, le maintien dans l'emploi est à mettre en perspective avec les problématiques de santé au travail qui se posent aujourd'hui avec acuité aux entreprises : l'amélioration des conditions de travail, la prévention des risques, la réduction de la pénibilité du travail et les politiques seniors. Le maintien dans l'emploi représente une mine d'informations et parfois un tremplin pour s'engager sur l'une ou l'ensemble de ces thématiques. Or ces démarches sont au cœur de l'actualité des entreprises : les textes parus sur la pénibilité et leur impact sur l'âge de départ à la retraite, l'obligation de sécurité de résultat faite aux entreprises en matière de santé au travail, les différents plans de santé au travail qui exhortent les entreprises à améliorer leurs conditions de travail. Aujourd'hui, intégrer dans les politiques RH les questions de santé au travail est incontournable… et le maintien dans l'emploi se situe au cœur de cette problématique.

MAINTENIR DANS L'EMPLOI UN COLLABORATEUR EN SITUATION DE HANDICAP

Cette section traite de l'action de maintien dans l'emploi individuel, dont l'objectif premier est de préserver l'emploi d'un collaborateur handicapé en difficulté pour tenir son poste, soit parce que son handicap s'aggrave, soit en raison d'une modification de son poste. L'action va donc chercher à rendre compatibles les capacités de la personne et les exigences de sa situation de travail.

Les facteurs clés de réussite

Détecter et anticiper les difficultés

La détection et le signalement du risque d'inaptitude constituent la pierre angulaire du maintien dans l'emploi : plus tôt sont connues les difficultés d'une personne à son poste de travail, plus on a de chances de réussir. Ainsi, seul le signalement précoce des difficultés permettra de disposer de suffisamment de temps pour analyser la situation, impliquer les acteurs concernés et envisager des solutions.

Les personnes susceptibles de signaler le problème sont nombreuses :

- le salarié lui-même : un collaborateur atteint d'une maladie dégénérative peut informer son employeur qu'il sera, à terme, dans l'incapacité de tenir son poste ;
- le médecin du travail qui, lors des visites médicales, fait le point sur l'état de santé du collaborateur. Rien ne l'empêche, en toute transparence avec le salarié, de se rapprocher de l'employeur et d'aborder la problématique de santé tout en préservant le secret médical ;
- le management de proximité peut aussi être à l'origine du signalement. L'inaptitude intervenant rarement du jour au lendemain, des signaux d'alerte, comme des arrêts fréquents ou des restrictions d'aptitude à répétition, peuvent amener l'entreprise à engager une démarche de maintien dans l'emploi.

Mais cette étape de signalement n'est pas sans difficulté. Pour le salarié, informer son employeur qu'il risque de devenir inapte à son poste n'est pas anodin. Trop souvent, il « n'ose pas en parler » de crainte de perdre son emploi. Il en est de même pour le médecin du travail, qui préférera opter pour la restriction d'aptitude plutôt que pour l'inaptitude, car le risque de la perte d'emploi prédomine. Le management, quant à lui, est en mesure de capter les signaux d'alerte mais, bien souvent, il les subit avec une certaine résignation : pris dans son quotidien, il s'organise pour pallier les absences ou les restrictions d'aptitude. Rares sont ceux qui se rapprochent spontanément du salarié et du médecin pour trouver des solutions concertées dans une logique prospective.

La visite de pré-reprise[a], un dispositif pour anticiper

Encore insuffisamment connue et utilisée, la visite de pré-reprise est un bon moyen de préparer le retour du collaborateur. En effet, notamment si la reprise s'annonce difficile, le salarié, le médecin traitant le médecin-conseil peuvent demander un examen de pré-reprise auprès du service de santé au travail. Si l'employeur ne peut pas être à l'origine de cette demande, il peut néanmoins jouer un rôle en termes d'information et de sensibilisation des acteurs.

Concrètement, la visite de pré-reprise permet au médecin du travail, en concertation avec l'entreprise et notamment le N + 1 du collaborateur, de se donner du temps pour rechercher des solutions, organiser les dispositifs adaptés (contrat de rééducation, mi-temps thérapeutique…) ou imaginer une reconversion professionnelle.

La visite de pré-reprise était jusqu'alors facultative. Depuis peu, elle est devenue obligatoire pour les arrêts supérieurs à trois mois, ce qui devrait favoriser l'anticipation de la prise en charge des problématiques de maintien dans l'emploi.

a. Code du travail, article R. 4624-23.

Travailler dans une logique de concertation

Le maintien dans l'emploi est une démarche ressources humaines qui vise à concilier trois points de vue : celui du salarié, celui de l'employeur et celui du médecin du travail. Il est impensable de se passer de l'un de ces trois acteurs, au risque de compromettre significativement les chances de réussite du maintien dans l'emploi. Ce principe peut paraître évident. Pourtant, dans les faits, ce n'est pas toujours le cas. Trop souvent, un collaborateur se voit signifier sa nouvelle affectation à son retour à l'emploi… sans qu'il y ait été associé, sans que lui soit demandé la manière dont il envisageait ce retour. Trop souvent, le médecin du travail n'est pas sollicité lors de la recherche de solutions. Or rappelons que c'est à lui et à lui seul qu'appartient la délivrance de l'avis d'aptitude. Enfin, soyons attentifs à ce que l'on entend par « employeur ». Les ressources humaines et la Mission Handicap ont certes un rôle à jouer, mais il est indispensable d'associer le manager de proximité. En écartant le manager, on court le risque de « passer à côté » de données contextuelles majeures, susceptibles de compromettre le maintien dans l'emploi. Quelle est la position du manager et de l'équipe par rapport au salarié en difficulté ? Croient-ils possible et ont-ils envie de continuer à collaborer avec cette personne ?

Ajoutons qu'il s'agit là des acteurs incontournables, mais qu'ils ne sont pas les seuls à avoir un rôle dans la résolution d'une problématique de maintien dans l'emploi. Si le maintien repose sur ces « décideurs », la prise en charge d'une situation nécessite la collaboration de nombreux intervenants, qu'il faut impliquer et associer : l'équipe, le service technique, le service achats, par exemple.

La concertation et la responsabilisation de l'ensemble des acteurs sont primordiales pour aboutir à des solutions pertinentes, durables et partagées.

Témoignage

« Le maintien dans l'emploi est l'axe le plus concret aux yeux des collaborateurs… »

François SEILLE, pilote national du programme handicap Simply Market

« Le maintien dans l'emploi est encore aujourd'hui la clé de voûte de notre accord, car il traduit notre volonté d'offrir un emploi pérenne aux personnes handicapées et fait écho au développement durable sous-tendu par notre engagement. C'est aussi l'axe le plus concret aux yeux des collaborateurs qui vont bénéficier d'un aménagement, comme à ceux des opérationnels − équipes et managers, au travers des retombées sur le terrain. C'est enfin l'axe qui pèse le plus lourd dans notre budget handicap, avec 55 % des dépenses en 2011.

Parler de maintien dans l'emploi, c'est d'abord se donner les moyens d'anticiper plutôt que de subir des situations individuelles dégradées, pour aller plus vite et réduire les souffrances liées aux difficultés de santé au travail.

…/…

Pour détecter au plus tôt les situations à risque, nous avons mis en place un numéro vert gratuit, de plus en plus utilisé, qui permet aux collaborateurs et à leurs collègues de faire un signalement. Au départ, les appels concernaient en majorité la démarche de RQTH, mais aujourd'hui, il est davantage question du maintien dans l'emploi, des droits, des aides, etc.

Grâce à notre historique[1], et par le biais de rencontres organisées à chaque nouvel accord, nous avons noué des liens avec les médecins du travail, lesquels n'hésitent pas à nous alerter plus en amont. Les opérationnels et les RH, également proches du terrain et du pilote, sont aussi plus réactifs. En outre, nous faisons régulièrement appel[2] à des ergonomes externes, lorsque l'aménagement requis s'avère plus complexe que l'achat d'un siège adapté, par exemple.

Enfin, notre *newsletter* électronique relaie les témoignages d'actions "sur mesure" et montre à nos lecteurs l'étendue du champ des solutions possibles lorsque l'on anticipe. »

Mettre en place un coordinateur interne

Résoudre un cas de maintien dans l'emploi ne se résume pas à apporter une réponse technique à une situation donnée et à un instant *t*. C'est un vrai projet qui peut s'étaler sur plusieurs mois, un projet qui doit être coordonné et managé dans toutes ses composantes : technique, certes, mais aussi humaine et organisationnelle. Un projet qui nécessite de lutter contre les *a priori*, de concilier les points de vue, d'ouvrir parfois à de nouvelles pratiques… Un projet dont la réussite passe d'abord par les hommes, qu'il faut savoir faire évoluer, mobiliser et mettre en mouvement.

À ce titre, l'un des facteurs clés de réussite est la mise en place d'un coordinateur des actions de maintien dans l'emploi. La présence d'un « chef d'orchestre » est fondamentale : il anime le projet, encourage la créativité et la production du groupe, coordonne les acteurs et surtout, assure la mise en œuvre et le suivi du plan d'action. Il est aussi le garant du temps, celui qui impulse le bon tempo à la démarche. On sait en effet qu'en matière de maintien dans l'emploi, le temps est un élément clé difficile à maîtriser, qui peut à la fois jouer en faveur du

---

1. Simply Market a signé son 5ᵉ accord Handicap.
2. Dans 30 % à 40 % des cas.

projet ou, *a contrario* limiter les chances de trouver une solution. Trop souvent, une fois que les acteurs se sont mis d'accord sur les solutions à mettre en œuvre, on constate que le suivi est insuffisant. La raison principale tient justement à l'absence de pilote susceptible de s'assurer que les différents acteurs ont « fait ce qu'ils avaient à faire » et que les solutions retenues ont bien l'effet escompté.

Le chargé de Mission Handicap ou son relais est la personne toute trouvée pour tenir ce rôle. Si la fonction n'existe pas, il est en tout état de cause préférable que cette responsabilité incombe à une personne en interne, qui connaît l'organisation et les pratiques de l'entreprise. Porteur du projet, le coordinateur est amené à concilier les points de vue d'acteurs qui ont des fonctions différentes et des champs d'activité divers, mais aussi parfois des intérêts pouvant apparaître contradictoires : celui du médecin du travail, qui est de préserver la santé du salarié dans l'exercice professionnel ; celui du manager, souvent lié à la rentabilité ; celui du salarié, qui a parfois du mal à exprimer ou tout simplement à savoir ce qu'il souhaite vraiment. Autant d'énergies et de différences qu'il faudra mobiliser et fédérer pour réussir.

Les acteurs « partie prenante »

Pour comprendre comment s'articule le rôle des différents acteurs d'une démarche de maintien dans l'emploi, il faut mettre en perspective trois dimensions :

- l'objectif de la démarche, qui consiste à trouver une solution conciliant l'état de santé du salarié, ses compétences et les impératifs de l'entreprise ;
- sa mise en œuvre, qui nécessite de faire appel à de multiples ressources, internes et externes ;
- la conduite de projet, facteur clé de réussite de la démarche.

Les acteurs incontournables

La démarche de maintien dans l'emploi est conditionnée par la relation triangulaire entre l'employeur, souvent représenté par un membre de l'encadrement ou de la DRH, le médecin du travail et le salarié. Ce sont les acteurs centraux de la démarche, dont l'implication est indispensable à chacune des étapes. Nous avons déjà insisté sur la nécessaire implication, côté entreprise, du manager de proximité et du salarié. C'est une condition *sine qua non* de réussite du projet, dont les entreprises ne s'assurent pas ou pas suffisamment.

À ces acteurs incontournables doit s'ajouter le collectif de travail : l'équipe dans laquelle travaille – ou va travailler –, la personne.

- Il faut tout d'abord veiller à ce que les collègues soient informés en amont de la démarche et qu'ils en aient compris le sens et l'utilité, sous peine que l'action soit vécue comme une mesure de surprotection de la personne handicapée, voire même d'une injustice : « On s'occupe de lui parce qu'il est handicapé, mais on ne fait rien pour améliorer mes conditions de travail. » Il est donc important que l'aménagement envisagé soit bien compris comme une mesure de compensation, qui permettra à la personne de travailler « normalement ».

- Mais souvent, sensibiliser ne suffit pas. Si certaines des solutions imaginées risquent d'impacter le collectif – un nouvel équipement, une nouvelle organisation des tâches ou un changement d'horaires par exemple – l'équipe devra être plus étroitement associée, pour orienter les recherches *a minima* vers des solutions qui ne pénalisent pas les collègues ou, mieux encore, qui bénéficient à tous. Fait inattendu : la grande distribution montre de nombreux cas d'aménagements de poste réalisés au départ pour un individu, et qui contribuent au final à améliorer le confort de toute l'équipe. Exemple, la réorganisation du plan de rangement des produits stockés dans une chambre froide : implanter les produits les plus lourds sur les étagères du milieu a permis de réduire les contraintes articulaires et musculaires au niveau des membres supérieurs. Aménagement simple à mettre en œuvre et qui bénéficie à tous.

Les ressources complémentaires

Les ressources peuvent être internes ou externes. Elles diffèrent également en fonction de la problématique rencontrée et de la phase à laquelle en est le processus de maintien dans l'emploi. À l'étape d'analyse et de recherche de solutions, l'entreprise peut se faire accompagner par un prestataire privé, du type cabinet d'ergo-nomie si elle n'a pas d'ergonome en interne, ou encore faire appel au réseau Sameth, le service d'appui au maintien dans l'emploi des travailleurs handicapés de l'Agefiph. Lorsqu'il s'agit de mettre en œuvre les solutions, les intervenants possibles sont souvent multiples : tout dépend des solutions qui auront été retenues. Il peut s'agir :

- d'un service technique, si l'objet est de procéder à une modification matérielle de l'environnement de travail ;
- d'un service achats, s'il faut fournir ou créer un outil de travail spécifique ;
- d'un centre de bilans de compétences, si l'objet est de dessiner un nouveau projet professionnel ;
- d'un centre de formation, si le collaborateur a déjà défini le métier vers lequel il souhaite évoluer.

L'essentiel est de repérer quelles sont les ressources pertinentes, puis de coordonner l'ensemble des intervenants.

S'agissant du maintien dans l'emploi, il est difficile de donner une liste exhaustive des ressources susceptibles d'intervenir : tout dépend de la problématique rencontrée et des solutions retenues… Nous nous limiterons volontairement aux ressources externes dont le cœur de métier gravite autour du maintien dans l'emploi : les services de santé au travail, le réseau Sameth et les intervenants en ergonomie.

Les services de santé au travail interentreprises

Créés en 2002 par la loi de modernisation sociale, ces services de santé au travail correspondent à ce que l'on nommait auparavant « services de médecine du travail ». Le législateur n'entendait pas simplement changer de vocable. La nouvelle appellation illustre une évolution de l'organisation de ces services, avec la mise en place d'équipes pluridisciplinaires comprenant des médecins du travail, des intervenants en prévention des risques professionnels (IPRP : ergonomes, psychologues du travail…) et des infirmiers. Ces ressources peuvent être sollicitées par l'employeur dans le cadre du maintien dans l'emploi de collaborateurs en situation de handicap, puisque les services de santé au travail ont aussi pour rôle de « conseiller les employeurs sur les dispositions et mesures nécessaires afin d'éviter ou de diminuer les risques professionnels, d'améliorer les conditions de travail, [...] de réduire la pénibilité au travail et la désinsertion professionnelle et de contribuer au maintien dans l'emploi des travailleurs ».

Le réseau Sameth

Ce service, présent dans tous les départements, est assuré par des professionnels sélectionnés par l'Agefiph. Il est financé par l'Agefiph pour le secteur privé et par le FIPHFP pour le secteur public. Il regroupe cent huit prestataires ayant pour mission d'aider les entreprises et les salariés à trouver une solution sur-mesure de maintien dans l'entreprise quand apparaît une inadéquation entre l'état de santé d'un salarié et son poste de travail.

Les services proposés sont de trois ordres :

- un service d'information sur le cadre juridique, les dispositifs et les aides mobilisables pour le maintien dans l'emploi des personnes handicapées ;
- un service d'ingénierie, pour contribuer à la recherche, à l'élaboration et à la mise en œuvre d'une solution de maintien dans l'emploi ;
- un service de mobilisation, qui permet de recourir aux aides techniques, humaines et financières pour la mise en œuvre d'une solution de maintien déjà identifiée et acceptée par les acteurs.

Attention, le recours au réseau Sameth ne peut s'envisager qu'à deux conditions : que l'entreprise ne soit pas sous accord dérogatoire et que le salarié compte parmi les bénéficiaires de la loi handicap 2005 (ou qu'il ait déposé une demande de reconnaissance de la qualité de travailleur handicapé à la CDAPH).

Les intervenants en ergonomie

Rattaché à un cabinet privé, à un Sameth ou à un service de santé au travail, l'ergonome analyse la situation réelle de travail, en procédant sur le terrain à des observations, des entretiens avec les différents acteurs et des analyses techniques : anthropométriques, acoustiques, lumineuses ou relevés de température par exemple. De l'analyse à la recherche de solutions, il prend en compte l'ensemble des éléments de la situation de travail pour faire en sorte que la personne puisse conserver une activité compatible avec son état de santé : contraintes physiques et cognitives, facteurs humains, organisationnels, techniques et environnementaux. Nous sommes bien loin de l'image réductrice de l'ergonome, qui interviendrait essentiellement pour rehausser une table ou préconiser l'achat d'un siège « assis-debout » ! L'ergonome a aussi un rôle de médiateur : lors de l'analyse de la problématique et de la recherche de solution, son intervention vise à faciliter les échanges et à favoriser la production d'idées d'un groupe. Évidemment, l'appel à un ergonome n'est pas toujours nécessaire : tout dépend de la complexité de la situation. Mais en aucun cas, l'intervention d'un ergonome n'a pour vocation de déposséder l'entreprise de la prise en charge du maintien dans l'emploi. Elle est en revanche intéressante lorsque la relation entre le manager, le salarié et le médecin de travail est dégradée : climat de défiance, voire relations conflictuelles qui risqueraient de compromettre la recherche d'une solution concertée... Dans ce cas, sa neutralité lui permettra d'assurer la médiation et la conciliation des points de vue. Enfin, l'ergonome pourra apporter son expertise technique pour assurer la recherche de matériel, de fournisseurs ou de prestataires, puis pour suivre et coordonner leurs interventions.

Méthodologie de l'intervention ergonomique

1. Analyse de la demande : avec le salarié, son N + 1 et les acteurs de la santé au travail.
2. Analyse de la situation de travail et identification des points d'incompatibilité personne/poste : observations et entretiens sur site.
3. Formalisation du rapport d'intervention.
4. Restitution à l'ensemble des acteurs : difficultés observées, préconisations.
5. Élaboration du plan d'action avec les acteurs.
6. Recherche éventuelle de fournisseurs susceptibles de proposer les solutions matérielles adaptées.
7. Suivi du plan d'action et évaluation des mises en œuvre.

Extrait du plan d'action suite à intervention ergonomique

Date de mise à jour : septembre

Actions	Étapes	Acteurs	Juil.	Août	Sept.	Oct.	À faire	En cours (Date)	Fait (Date)	Observations
La découpe	Mettre à la disposition du salarié des gants anti coupures fiables (neufs)	RMH + Service achats	X				X			
	Installer un découpe sandwich sur le poste de travail du salarié	RMH + Service achats		X			X			
Les chaussures de sécurité	Prescrire de nouvelles chaussures de sécurité équipées de semelles antidérapantes et fournir à la Mission Handicap la référence exacte	MdT	X						X	
	Se rendre en magasin et procéder au test des nouvelles chaussures de sécurité	Salarié	X						X	
	Prendre en charge l'achat de cet équipement de protection individuel	RMH	X						X	
Le siège assis-debout	Contacter le revendeur pour avoir un siège en prêt	RMH + Service achats	X						X	Le salarié utilise son siège et explique qu'il se sent moins fatigué en fin de vacation
	Tester le siège	Salarié		X					X	
	Le mettre à la disposition du salarié	RMH + service achats		X					X	
La gestion des déchets	Remplacer l'élastique de la poubelle	DM + N + 1	X						X	Le salarié évoque un mieux depuis qu'il a son ramasse poussière. Cela est moins contraignant pour lui puisqu'il n'a plus à se baisser
	Mettre à la disposition du salarié une pelle avec un manche	RMH + Service achats		X					X	

Actions	Étapes	Acteurs	Juil.	Août	Sept.	Oct.	À faire	En cours (Date)	Fait (Date)	Observations
La manipulation des échelles	Remplacer les roues actuelles des échelles	DM + N + 1	X						X	
	Prévoir une maintenance régulière + désigner une personne en charge de cette maintenance	DM + N + 1	X						X	
	Remplacer la grille située près du poste de travail du salarié et faire en sorte qu'il n'y ait plus de décalage entre le sol et la grille	Service Maintenance + DM + N + 1			X			X		Les grilles n'ont pas été remplacées en revanche les joints ont été changés
Point de vigilance	Veiller à ce que l'espace plonge reste le plus sec possible et définir une personne en charge de cela	DM + N + 1	X						X	
Sensibilisation de l'équipe	Prévoir une action de sensibilisation du collectif du travail sur « comment réagir en cas de crise d'épilepsie »	RMH + MdT			X			X		
	Inciter le salarié à demander à son médecin la prescription de séances de kinésithérapie	RMH + N + 1	X				X			
Suivi médical	Apprendre les gestes et postures à adopter en cas de manutention…	Salarié		X			X			
	Faire le lien entre le contexte de travail du salarié et sa problématique de santé	Erg + kinésithérapeute		X			X			

RMH : responsable Mission Handicap
MdT : médecin du travail
DM : directeur du magasin
Erg. : ergonome

Les instances représentatives du personnel

Le maintien dans l'emploi entre très clairement dans les attributions du comité d'hygiène, de sécurité et des conditions de travail (CHSCT) et des délégués du personnel, en cas d'absence de CHSCT (dans les entreprises de moins de cinquante salariés).

En cas d'inaptitude d'origine professionnelle (accident du travail ou maladie professionnelle), les textes prévoient explicitement une consultation de ces instances, au vu de l'avis du médecin du travail émis à l'issue de la seconde visite médicale de la procédure d'inaptitude et ce, avant de faire des propositions de reclassement au salarié[1].

Plus généralement, les CHSCT ou les DP doivent être consultés sur les mesures prises en vue de faciliter l'emploi et le maintien au travail des salariés handicapés. Ils peuvent aussi être force de proposition dans la phase de recherche de solutions, lorsqu'un salarié est confronté à une inaptitude. Or dans les faits, on constate qu'ils sont associés de façon très variable, selon le contexte et la culture de l'entreprise. Pourtant, l'implication des instances représentatives du personnel sur les questions relatives au maintien dans l'emploi est une opportunité de donner une visibilité à l'investissement de l'entreprise dans la résolution des problématiques de santé individuelles, d'améliorer le dialogue social et de permettre à ces instances de jouer pleinement leur rôle.

Les acteurs du maintien dans l'emploi

Les acteurs	Détection et signalement de la problématique	Analyse de la situation, recherche des solutions	Mise en œuvre des solutions
Salarié	x	x	x
Manager	x	x	x
Médecin du travail	x	x	x

---

1. Code du travail, art. L. 1226-10.

Les acteurs	Détection et signalement de la problématique	Analyse de la situation, recherche des solutions	Mise en œuvre des solutions
Ressources Humaines		x	x
Mission Handicap		x	x
IRP	x	x	x
Ergonomes		x	x
Sameth		x	x
Services techniques			x
Collectif de travail	x		x
Organismes de formation			x
Fournisseurs			x

La méthodologie

Les pistes à rechercher

Les solutions pour maintenir dans l'emploi un collaborateur sont de deux types : on peut agir sur l'environnement de travail (aménagement du poste et/ou du temps de travail) et/ou sur le salarié lui-même (formation, aide technique visant la compensation du handicap, bilan professionnel).

D'autre part, les solutions peuvent être recherchées à trois niveaux :

- un reclassement au même poste avec aménagement de la situation de travail (technique et/ou organisationnel) ;
- un reclassement à un autre poste de l'entreprise ou du groupe (reclassement interne), que ce soit avec ou sans aménagement ;
- un accompagnement vers un nouveau métier et/ou un nouvel employeur (reclassement externe).

Dans tous les cas, il est indispensable de respecter une approche très méthodologique, étape par étape, afin de s'obliger à se poser les bonnes questions et à aller au bout des recherches.

Se poser les bonnes questions

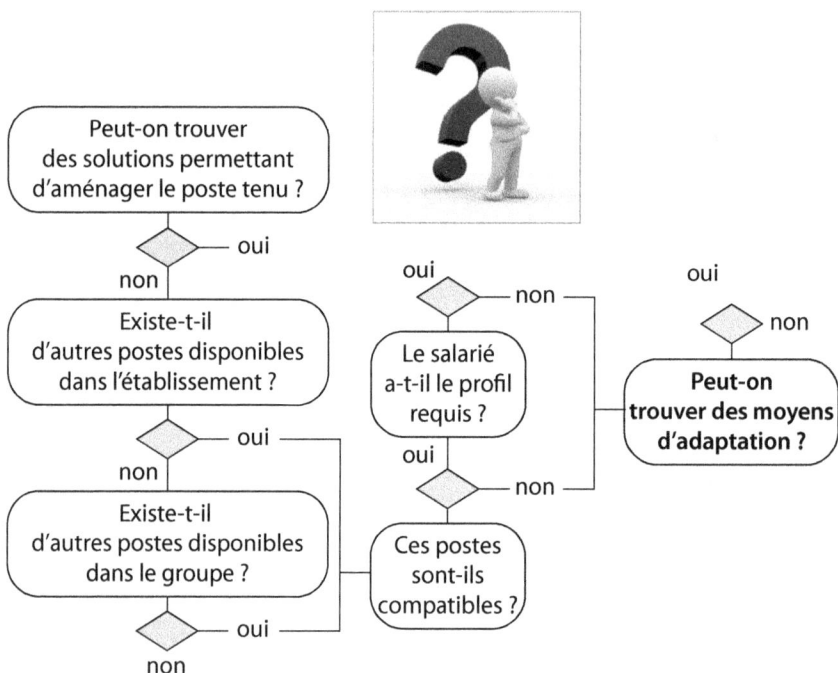

Les étapes du maintien dans l'emploi

Pour aboutir, les différentes étapes du processus de maintien dans l'emploi doivent être respectées. La méthodologie pour résoudre une problématique de maintien dans l'emploi s'apparente à une méthodologie de résolution de problème. Elle se décompose en trois grandes étapes : analyser les attentes, les besoins et les contraintes des acteurs ; rechercher les solutions et construire le plan d'action ; suivre et évaluer les mises en œuvre.

Analyser la situation

Analyser la situation, c'est d'abord appréhender les enjeux en interrogeant les acteurs : quelles sont les attentes du salarié ? souhaite-t-il rester dans l'entreprise ? conserver son métier ? quelles sont ses contraintes personnelles ? le manager souhaite-t-il réellement garder le collaborateur dans son équipe ? jusqu'où l'entreprise est-elle prête à aller pour trouver des solutions ? quel est l'état de la relation avec le collectif de travail ? La problématique de santé est-elle stabilisée ou évolutive ? etc. De fait, la motivation et l'implication du salarié et de l'employeur jouent un rôle déterminant dans la recherche de solutions. Il est donc indispensable de procéder à un questionnement objectif et en profondeur, sans se contenter des premières réponses, souvent prévisibles.

L'étape du questionnement est en ce sens essentielle, même si elle passe souvent pour une « perte de temps », la tendance naturelle étant d'aller vite à la recherche de solutions ou *a contrario*, de conclure de manière radicale à l'impossibilité du maintien dans l'emploi. Il est également indispensable de solliciter le médecin du travail. Quelles sont précisément les incapacités de la personne au regard du poste occupé ? Comment peut évoluer son état de santé ? Il n'est pas question pour autant d'enfreindre la règle du secret médical. L'objet est simplement de cerner au mieux les capacités de la personne au regard de son activité professionnelle. Rappelons-le, le médecin du travail est seul habilité à se prononcer sur l'aptitude d'un collaborateur à un poste de travail donné. Dès lors, comment imaginer se passer de son point de vue puis de son implication dans la suite de la démarche ?

Analyser la situation, c'est aussi identifier les points d'incompatibilité entre l'état de santé du collaborateur et les exigences de la situation de travail souhaitée. Si le reclassement est envisagé à un nouveau poste, les exigences physiques, cognitives et environnementales du poste seront-elles compatibles avec les capacités et les compétences de la personne ? Dans le cas où le salarié souhaite conserver le poste qui était le sien, quelles sont les tâches qui lui poseront des difficultés au regard de son état de santé ? Comment contourner ces difficultés sans pénaliser l'équipe et sans altérer l'état de santé du collaborateur ?

C'est dès cette phase d'analyse que l'appel à un ergonome peut s'avérer judicieux : au plus près de l'activité réelle de travail, celui-ci mettra par exemple en lumière des stratégies de compensation du handicap ou d'entraide dans l'équipe ; il identifiera les écarts entre le travail prescrit et le travail réel et pourra dès cette étape clarifier ce qui fera levier ou obstacle au maintien dans l'emploi de la personne.

Rechercher des solutions et construire le plan d'action

À cette étape, il s'agit d'être le plus exhaustif et le plus créatif possible. Trop souvent, pressés par le temps, les acteurs peuvent avoir tendance à « se précipiter » sur une solution unique, qui leur paraît évidente. Or agir sur le maintien dans l'emploi, c'est activer plusieurs leviers : procéder à un aménagement technique, modifier les horaires, faire un bilan de compétences, ou encore engager une action de formation. Il convient aussi de réfléchir à l'organisation globale du travail, d'envisager par exemple de réaffecter certaines tâches au sein d'un collectif de travail ou bien d'enrichir un poste de nouvelles tâches. Pour réussir, il faudra en outre trouver un compromis entre les attentes du salarié, celles du manager et de la médecine du travail. Or plus on identifie de pistes, plus on a de chances de trouver une solution qui satisfasse tout le monde. Il est donc indispensable de recueillir les suggestions de tous les acteurs et d'étudier toutes les pistes possibles avant d'élaborer le plan d'action.

Pour favoriser la recherche d'un panel de solutions, les outils sont nombreux : *brainstorming*, arbre des causes, métaplan… Et le rôle essentiel de l'animateur apparaît ici évident pour piloter cette phase souvent complexe d'investigation puis de construction d'un plan d'action – d'autant que les solutions doivent être recherchées non seulement au regard de la personne mais aussi du collectif de travail. Ainsi, la solution qui consiste à demander à l'équipe de compenser les incapacités d'un salarié en « faisant à sa place » certaines tâches est une fausse bonne idée : quel que soit l'esprit de solidarité existant, elle générera à terme un climat malsain dans l'équipe. Il faut plutôt appréhender globalement l'organisation du travail pour apporter les aménagements nécessaires à la personne sans pour autant pénaliser ses collègues. De même, il n'est pas question de créer un poste « réservé » qui répondrait au seul objectif de maintenir un collaborateur dans l'effectif, sans avoir de justification ni de sens dans l'organisation du travail.

Témoignage

« … Déterminer un objectif commun est pour nous un prérequis… »

■ *Stéphanie MOMBRUN, responsable Mission Handicap, Rhodia*

« Une action de maintien dans l'emploi est une démarche globale qui dépasse le champ médical et doit réunir différents acteurs qui ne sont pas forcément habitués à collaborer : services de santé au travail, managers, Mission Handicap et responsable RH, avec l'appui du CHSCT, vont constituer un groupe de travail autour de la personne concernée. Déterminer un objectif commun est pour nous un prérequis à la recherche de solutions durables, dans un état d'esprit propre à instaurer une confiance partagée. En parallèle, il est indispensable que le collaborateur engage une démarche de reconnaissance du statut de "travailleur handicapé".

Ces solutions sont extrêmement variées. Il peut s'agir d'aménager l'environnement de travail (aides au transport, adaptation de véhicule, transformation des locaux, télétravail) ou de mettre en place des outils de compensation du handicap, tels que des aides humaines (traducteur LSF), animales (chiens guides) et techniques (prothèses auditives). L'aménagement du poste en lui-même peut porter sur une nouvelle organisation des horaires ou des tâches, ou l'achat d'équipements adaptés (siège, bureau…). La diversité des pistes à étudier et des enjeux de chaque partie prenante nécessite la concertation et parfois l'intervention d'experts, d'ergonomes par exemple.

Lorsqu'une solution n'est pas trouvée en interne, d'autres dispositifs sont également accessibles pour accompagner la personne vers une évolution professionnelle externe : bilan de compétences, formation requalifiante, qui permettent parfois un retour dans l'emploi avec de nouvelles compétences.

Quelle que soit la solution opérante, il est important de lui donner du sens, d'informer les collègues, en expliquant les choix retenus, dans le respect d'une certaine confidentialité. »

Suivre et évaluer les mises en œuvre

Mettre en œuvre les solutions

Le plan d'action étant souvent complexe, les ressources à solliciter dans la mise en œuvre sont multiples : un centre de formation externe, l'OPCA (organisme paritaire collecteur agréé), un fournisseur de matériel spécifique, les services techniques ou de maintenance de l'entreprise… Là encore apparaît en première ligne le « chef d'orchestre », qui s'assurera que l'ensemble des solutions retenues ont bien été concrétisées. Relancer les différents acteurs, vérifier la tenue des délais, valider sur le terrain que les solutions mises en œuvre sont opérationnelles, cela nécessite du temps et de l'énergie !

Évaluer l'impact des actions déployées

Il est fondamental d'évaluer dans le temps l'impact des solutions mises en place. Cette étape est trop souvent négligée, parce que la concrétisation des solutions et le fait que le salarié soit toujours dans l'entreprise sont perçus comme une fin en soi. Pourtant, on s'éloigne de l'objectif initial. L'enjeu du maintien dans l'emploi est, pour le salarié, d'être maintenu durablement en activité professionnelle et, pour l'entreprise, de conserver son niveau de performance. Il est donc indispensable d'assurer un suivi à terme pour valider *a minima* les points suivants :

- les solutions mises en œuvre ont-elles effectivement permis de rendre le poste compatible avec les capacités du salarié ?
- la performance du salarié est-elle satisfaisante au regard des attentes de l'entreprise ?
- l'état de santé du collaborateur s'est-il amélioré ou au moins a-t-il cessé de se dégrader ?
- les solutions mises en œuvre ont-elles des conséquences, positives ou négatives, qui n'avaient pas été identifiées en amont ?

Il arrive par exemple qu'un aménagement technique, ne serait-ce que l'achat d'un siège spécifique, ne donne pas satisfaction, tout simplement parce que le salarié, n'ayant pas été accompagné au moment de la mise en place de ce nouveau matériel, n'utilise pas ou utilise mal ses différentes fonctionnalités. Parfois aussi, c'est le collectif de travail qui pose problème : bien qu'impacté par les solutions mises en œuvre, il n'a pas été « mis dans la boucle » et, par voie de conséquence, marque des réticences face au changement. L'ensemble des acteurs doit être impliqué dans cette phase, qui peut en effet aboutir à des ajustements ou à des actions complémentaires. C'est en ce sens que l'évaluation est intéressante : elle induit un nouveau mode de pensée. L'entreprise ne se positionne plus sur la résolution d'une problématique de maintien dans l'emploi qui prendrait fin une fois les solutions concrétisées. Elle entre dans une logique de gestion de la situation de travail dans la durée. Le chemin vers la prise en compte des conditions de travail dans les pratiques managériales est ainsi engagé. L'évaluation des solutions mises en œuvre présente un autre avantage : faire émerger de bonnes pratiques, qui peuvent ensuite être dupliquées. Par exemple, l'aménagement d'un poste de travail réalisé pour un travailleur handicapé afin de limiter les contraintes posturales pourra s'avérer une mesure intéressante à étendre à l'ensemble de l'équipe. Enfin, l'évaluation des actions déployées permet aussi d'évaluer l'efficacité du processus de maintien dans l'emploi mis en œuvre au sein de l'entreprise.

Les dispositifs d'aides

De nombreux dispositifs existent. Certains interviennent en amont de la mise en œuvre des solutions : ils peuvent être mobilisés lors de l'analyse et de la recherche de solutions. D'autres seront mis en place en phase d'application des solutions retenues : financement d'une formation ou d'un aménagement de poste, par exemple.

On distinguera également les dispositifs de droit commun de ceux réservés aux bénéficiaires de la loi « handicap ». Pour maintenir dans l'emploi un collaborateur en situation de handicap, l'entreprise peut en effet mobiliser les aides de droit commun visant à aider les salariés à définir un nouveau projet professionnel ou à évoluer vers un nouveau métier : bilan de compétences, droit individuel à la formation… À charge pour les ressources humaines d'activer les bons dispositifs.

Concernant les aides réservées aux bénéficiaires, on parle ici principalement des aides de l'Agefiph. Celles-ci impliquent que la personne ait la RQTH ou au minimum ait déposé une demande. Il faut donc en premier lieu vérifier que la personne entre bien dans l'une des catégories de bénéficiaires[1]. Si ce n'est pas le cas, il est

---

1. Voir chapitre 3, « Focus sur l'emploi : les mesures phares », p. 25.

possible pour la personne d'engager une demande de RQTH. Les aides de l'Agefiph, en ce qui concerne le maintien dans l'emploi, s'articulent autour de quatre volets[1] :

▪ la subvention « aide au maintien dans l'emploi », très rapidement mobilisable dans les situations où le salarié handicapé est menacé dans son emploi suite à la survenance ou l'aggravation du handicap ;

▪ le financement d'une formation visant à permettre à une personne handicapée d'acquérir les compétences nécessaires à son maintien dans l'emploi ;

▪ le financement d'un aménagement pour permettre l'adaptation du poste de travail en fonction du handicap de la personne handicapée ;

▪ des aides « sur-mesure ». Il peut s'agir d'aides financières destinées notamment à compenser le handicap, mais également de prestations réalisées par des experts sélectionnés et financés par l'Agefiph.

S'agissant des aides de l'Agefiph, il convient d'apporter deux précisions sur les conditions d'obtention :

▪ pour être éligible aux aides, l'employeur ne doit pas être sous accord dérogatoire (sauf dans le cas où l'entreprise a atteint le taux d'emploi de 6 %) ;

▪ depuis 2012, l'obtention des aides passe par le Sameth, alors qu'auparavant toute personne handicapée ou toute entreprise, dès lors qu'elle remplissait les critères d'éligibilité, pouvait bénéficier des aides ou services prédéfinis par l'Agefiph.

En dehors des aides de l'Agefiph, on mentionnera le contrat de rééducation professionnelle. Ce contrat s'adresse aux personnes titulaires d'une reconnaissance de la qualité de travailleur handicapé (RQTH) ou qui, suite à un accident du travail ou à une maladie, sont devenues invalides mais souhaitent se réaccoutumer au monde du travail. Il est rémunéré et conclu pour une durée déterminée entre l'employeur, le salarié et la Sécurité sociale. Il peut s'avérer être une formule efficace dans le cadre d'un maintien dans l'emploi.

---

1.   Voir site de l'Agefiph : agefiph.fr.

DÉPLOYER UNE POLITIQUE DE MAINTIEN DANS L'EMPLOI

Une démarche à trois niveaux

Déployer une politique de maintien dans l'emploi, c'est se doter des moyens pour agir à trois niveaux : la gestion des cas avérés, l'anticipation des difficultés avant que le collaborateur ne soit déclaré inapte et enfin, la prévention à proprement parler. Au fur et à mesure qu'elle acquiert une maturité sur le sujet, l'entreprise élargira son champ d'action et passera progressivement du niveau individuel et curatif (le maintien dans l'emploi de collaborateurs en situation de handicap) à la mise en place d'une politique de prévention collective (démarche de prévention des risques professionnels et d'amélioration des conditions de travail).

Niveau 1 : prendre en charge les difficultés de santé avérées

Le niveau « minimum » du maintien dans l'emploi consiste à trouver des solutions pour qu'un individu déclaré inapte, c'est-à-dire ne pouvant plus occuper son poste, ou une personne en risque avéré d'inaptitude puisse garder son emploi. Aménager une situation de travail pour permettre à un salarié de poursuivre son activité, relève du maintien dans l'emploi, mais dans une acception restrictive : l'approche est individuelle et corrective. Le salarié a déjà développé une pathologie. Il est dans une situation de handicap telle que son emploi est menacé. Il n'y a pas d'anticipation du problème : il faut dans l'urgence trouver des solutions alternatives au licenciement. Or, comme nous l'avons vu, l'entreprise ne dispose alors que de très peu de temps, ce qui lui permet rarement d'exploiter toutes les pistes de solutions. Pendant cette phase, l'objectif sera de mettre en capacité les acteurs du maintien dans l'emploi de traiter efficacement les cas individuels, de l'analyse de la situation à la mise en œuvre des solutions.

Niveau 2 : favoriser l'anticipation et agir en amont

Le deuxième niveau d'une démarche de maintien dans l'emploi vise l'anticipation. Anticiper afin de se donner le temps nécessaire pour rechercher et mettre en place des solutions viables et partagées par les acteurs (salarié/médecin du travail/manager). Anticiper pour éviter que la problématique de santé ou les relations avec le collectif de travail ou le manager ne se détériorent jusqu'à un point de non-retour. À cet effet, l'entreprise peut se doter d'un dispositif d'alerte pour identifier les collaborateurs en arrêt maladie de plus de six mois, et détecter ainsi en amont les personnes potentiellement en difficulté. Elle peut aussi mettre en place des programmes de formation des équipes ressources humaines, des managers et des instances représentatives du personnel à la détection et à la prise en charge des salariés en difficultés de santé au travail. Dans les deux cas, l'entreprise n'attend pas, pour agir, que le collaborateur soit dans l'impossibilité de tenir son poste. Favoriser la détection, le signalement et la prise en charge précoces des situations à risque est un gage de réussite majeur de la politique de maintien dans l'emploi.

Niveau 3 : prévenir les risques, améliorer les conditions de travail

Le troisième niveau relève de la prévention à proprement parler. Les personnes handicapées sont en quelque sorte le miroir grossissant des difficultés de tous les salariés. Elles y sont confrontées avant les autres et dans des proportions plus importantes. À ce titre, agir sur le maintien dans l'emploi de personnes handicapées répond à un enjeu plus large de préservation du capital humain de l'entreprise. La question qui est posée est la suivante : comment éviter de créer des situations de handicap et, de fait, des problématiques de maintien dans l'emploi ? Comment faire en sorte que nos collaborateurs ne soient pas un jour en situation de handicap ? On se situe là clairement dans le registre de l'amélioration des conditions de travail et de la prévention des risques professionnels et de la pénibilité. Or on constate que ces thèmes (document unique, plan de prévention, plan d'action visant à réduire la pénibilité…) sont parfois pris en charge par les services Hygiène et sécurité, en marge des ressources humaines et de la Mission Handicap. Ajoutons que l'on est confronté aux limites imposées par les textes et à la position des acteurs institutionnels (Direccte et Agefiph) : les actions relevant de la prévention des risques ne sont pas imputables aux budgets des Missions Handicap. Cela peut expliquer aussi ce constat : si la prévention a logiquement sa place dans une politique de maintien dans l'emploi, elle est rarement traitée dans le cadre des politiques handicap. Pourtant nous insistons sur ce point : sur le fond, il est fondamental, si l'on se préoccupe du maintien dans l'emploi, de travailler aussi sur la prévention.

La logique de progression entre les trois niveaux du maintien dans l'emploi est évidente : on passe d'une démarche qui cible un individu ayant une pathologie avérée et dont l'emploi est menacé à une démarche qui vise à éviter la dégradation de l'état de santé d'un collectif.

De la politique handicap à la politique de santé au travail

Prendre en charge la difficulté de santé avérée	1	Ex. : équiper d'un écran grossissant un collaborateur atteint d'une maladie provoquant la perte progressive de son acuité visuelle
Favoriser l'anticipation et la détection	2	Ex. : proposer une visite de pré-reprise aux collaborateurs en arrêt depuis plus de 6 mois ou former les managers à la détection des problématiques de maintien dans l'emploi
Prévenir les risques, améliorer les conditions de travail	3	Ex. : mettre en place une organisation évitant ou réduisant la répétitivité des gestes sur une chaîne de production

Le plan d'action : quelques pistes

Mettre en place une politique de maintien dans l'emploi relève du projet d'entreprise et de la conduite de projet. Très naturellement, c'est le chargé de Mission Handicap qui assure le rôle de chef de projet. Comme pour les autres axes de la politique handicap, il définit le plan d'action et veille à sa mise en œuvre, en s'appuyant sur d'autres acteurs de l'entreprise.

Ce préalable étant posé, le plan d'action pour favoriser le maintien dans l'emploi renvoie à quatre grands types de moyens.

La communication et la sensibilisation

- *En termes de cibles*, tous les salariés doivent être visés car tous sont susceptibles d'être concernés.

- *En termes de messages*, le minimum consiste à communiquer sur la volonté de l'entreprise de maintenir dans l'emploi ses collaborateurs en difficultés de santé au travail. En ce sens, la politique handicap est au cœur des messages qui seront véhiculés : connaître l'engagement de son entreprise et avoir confiance dans sa capacité à trouver des solutions permettant aux salariés de conserver une activité professionnelle, sont évidemment des éléments majeurs de réassurance. Vient ensuite la communication sur les actions de maintien dans l'emploi réussies. Le témoignage reste le meilleur moyen de « rassurer » et de montrer « que c'est possible ». Communiquer sur les actions qui ont permis à des collaborateurs de garder leur emploi contribue à conforter le climat social, en donnant les signes de prise en compte du personnel en difficultés. Les services de santé au travail et les représentants du personnel constituent eux aussi une cible privilégiée, car ils ont un positionnement de choix pour renseigner et rassurer un salarié qui hésiterait à signaler son problème de santé.

- *En termes de supports*, tout est ouvert étant entendu que sur le maintien dans l'emploi plus encore que sur un autre sujet, la preuve par l'exemple et le témoignage donnent une force particulière aux messages : témoignages de salariés bien sûr, mais aussi des différents acteurs : médecin du travail, manager, RRH…

La formation des acteurs

Sont visés les acteurs ressources humaines, les managers de proximité et les instances représentatives du personnel. L'objet est de les former à la méthodologie et de les familiariser avec les dispositifs d'aides et les ressources mobilisables aux différents stades d'une démarche de maintien dans l'emploi. En effet, on constate que, si les managers développent parfois spontanément des actions de maintien dans l'emploi (mutations de poste, modifications de l'organisation du travail), ces actions sont souvent menées en marge des dispositifs en faveur des personnes handicapées. Par méconnaissance du sujet, le collaborateur en difficulté n'a pas fait l'objet d'une RQTH et les aménagements éventuels ont été financés sans aide de l'Agefiph. Tant que le maintien dans l'emploi reste simple, que la solution et sa mise en œuvre paraissent évidentes, et sous réserve qu'il existe une volonté partagée de continuer de travailler ensemble, le manager fait le nécessaire. Si le cas devient plus complexe (que la solution n'est plus aussi évidente ou que le coût devient significatif), il est démuni dans le sens où il n'identifie pas les ressources et dispositifs d'aides possibles.

L'objet est également d'amener ces acteurs à structurer et piloter une démarche qui peut s'étaler dans le temps et nécessiter l'intervention de différentes ressources, internes et externes. C'est une formation qui s'apparente à une formation à la résolution de problème et à la conduite de projet, sur un sujet technique qui est celui du handicap. Le point de vigilance lors de ces formations est de bien distinguer la notion de reclassement de celle du maintien dans l'emploi. La première est un concept juridique, la seconde est une démarche de management et de ressources humaines dont doivent s'emparer les participants.

L'outillage et l'accompagnement des acteurs

Les outils sont généralement remis en main lors des formations spécifiques. Il peut s'agir d'une grille d'analyse de la compatibilité entre les capacités d'une personne et les exigences d'un poste, d'un listing de ressources ergonomiques, d'un récapitulatif des dispositifs d'aides au maintien dans l'emploi, d'un synopsis des étapes du processus de maintien dans l'emploi… Tous visent un seul et même objectif : faciliter le travail de celui qui pilotera la démarche de maintien dans l'emploi.

En parallèle des outils, l'entreprise va mettre en place des procédures : instaurer un entretien formalisé et régulier entre le manager et le médecin du travail pour traiter des problématiques de santé, établir un contact systématique avec les salariés en arrêt depuis plusieurs mois, aborder dans le cadre des entretiens de management les questions de santé… Ces procédures doivent être pensées pour servir le maintien dans l'emploi dans son acception la plus large.

Au-delà du maintien à un poste, il s'agit de favoriser l'évolution professionnelle des collaborateurs handicapés : leur permettre de bénéficier de formations pour acquérir ou développer une qualification, assurer leur montée en compétences afin de les faire entrer dans un véritable processus professionnel.

Pour ce qui est de l'accompagnement des managers, l'entreprise doit se poser cette fois la question des ressources. Il peut s'agir de la Mission Handicap et de ses relais, d'un cabinet conseil, ou encore du Sameth, pour les entreprises qui ne sont pas sous accord. La difficulté est d'accompagner le manager sans le déresponsabiliser, car le maintien dans l'emploi est avant tout un acte de management. Les autres mesures d'accompagnement sont d'ordre financier : prise en charge des aménagements de poste, financement des études de poste…

L'évaluation de la politique de maintien dans l'emploi

Longtemps, l'évaluation des démarches de maintien dans l'emploi s'est bornée à dresser un bilan quantitatif : recensement des cas traités, nombre d'aménagements de poste réalisés et de matériels achetés… Ne reposant sur aucun indicateur qualitatif, ne s'inscrivant pas dans la durée, cet inventaire à la Prévert n'avait comme seule valeur que de démontrer que des actions avaient été menées. Mais aujourd'hui, ni les partenaires sociaux ni les institutionnels ne se contentent de ce type de bilan et les entreprises en ont elles-mêmes constaté les limites : sans véritable évaluation, il n'y a pas de progression possible, tant au plan opérationnel qu'en termes de management. C'est donc vers une logique d'amélioration continue que s'orientent désormais certaines entreprises. Tout d'abord pour faire progresser les prises en charge individuelles, en dotant les acteurs d'outils qui leur permettent d'évaluer objectivement l'efficacité et la pérennité des actions qu'ils ont mises en œuvre et de les réajuster en cas de besoin. Mais aussi pour recueillir et mutualiser les expériences et les bonnes pratiques, permettant ainsi à l'entreprise d'orienter sa politique et ses moyens.

© Groupe Eyrolles

Témoignage

« Intégrer le maintien dans l'emploi à la gestion des ressources humaines : un défi permanent ! »

Michèle DELAPORTE, chargée de la Mission Handicap et Emploi de la SNCF

« Les spécificités des métiers ferroviaires ainsi que l'obligation de reclassement pour l'employeur nous incitent à optimiser les actions de maintien dans l'emploi, pour limiter les risques d'exclusion du travail des personnes inaptes, ou avec de fortes restrictions d'utilisation, ou en situation de handicap.

Nombre d'agents concernés vivent difficilement les incidences sur leur vie professionnelle d'une inaptitude, d'un état de santé détérioré ou d'un handicap.

L'idée centrale est d'apporter aux différents acteurs des principes, une méthodologie et des outils, pour construire des actions de maintien dans l'emploi efficaces et pérennes.

Depuis 2005, la Mission Handicap et Emploi organise des formations à cette méthodologie, ouvertes aux RRH, médecins du travail, infirmières et assistantes sociales, conseillers mobilité et carrière… La méthodologie proposée en fait une démarche réellement intégrée aux ressources humaines. Elle comporte cinq étapes : l'anticipation, l'analyse, la conduite du projet participative, le suivi et l'accompagnement, enfin l'évaluation.

Ces formations ont notamment pour objectifs de maîtriser les aides et réseaux existants et d'identifier les techniques de résolution de problèmes. Plus de mille huit cent cinquante personnes y ont participé à ce jour.

Dans cet esprit de coopération, les CHSCT bénéficient également d'une formation sur leur rôle majeur dans ces actions de maintien dans l'emploi au bénéfice des agents en situation de handicap. »

Chapitre 10

Collaborer avec le secteur adapté ou protégé

DE QUOI PARLE-T-ON ?

Depuis 1987, l'entreprise peut s'acquitter partiellement de son obligation d'emploi de travailleurs handicapés en collaborant avec le secteur adapté ou protégé. Or force est de constater que cette voie reste encore insuffisamment exploitée par les entreprises, auxquelles elle offre pourtant de réelles opportunités, notamment à celles qui rencontrent des difficultés pour recruter : collaborer avec le secteur adapté est de fait une alternative et une piste complémentaire à l'emploi direct de personnes handicapées.

Les différentes structures

Le secteur adapté ou protégé offre à des personnes en situation de handicap une activité professionnelle aménagée en fonction de leurs besoins.

Le secteur protégé est constitué des établissements et services d'aide par le travail (Esat), précédemment appelés centres d'aide par le travail (CAT).

Le secteur adapté recouvre quant à lui les entreprises adaptées (EA) – auparavant identifiées sous l'appellation « ateliers protégés » et les centres de distribution de travail à domicile (CDTD).

Ces différentes structures commercialisent auprès des entreprises des produits ou des services qui peuvent être valorisés dans le calcul du taux d'emploi et la DOETH.

Les établissements et service d'aide par le travail (Esat)

On compte aujourd'hui mille cinq cents Esat sur le territoire national, accueillant cent vingt mille personnes en situation de handicap.

Les Esat sont des établissements médico-sociaux. Leur vocation est donc à la fois de permettre à des adultes handicapés d'avoir une activité professionnelle dans des conditions aménagées, mais aussi de dispenser les soins et l'accompagnement nécessaires aux personnes : soutien scolaire, activités culturelles, artistiques ou sportives, activités visant à renforcer l'autonomie dans la vie sociale…

Les Esat accueillent des personnes dont l'efficience est inférieure à un tiers, en comparaison de celle d'un travailleur « ordinaire ». Mais cette classification est difficile à appréhender de manière concrète. Retenons que les personnes accueillies sont très majoritairement affectées de déficiences mentales (71 %) et psychiques (19 %). Ceci s'explique dans la mesure où ce type de déficience nécessite souvent l'accompagnement médical et social que les Esat proposent.

Les personnes accueillies en Esat y sont directement orientées par la CDAPH.

Compte tenu de leur vocation médico-sociale, le Code du travail ne s'applique pas aux personnes en Esat. Elles n'ont donc pas de contrat de travail mais un contrat de soutien et d'aide par le travail. Elles ne peuvent être licenciées au sens où l'entend une entreprise classique. Elles perçoivent une rémunération comprise entre 55 % et 110 % du SMIC horaire, cofinancée par l'Esat et l'État.

Les entreprises adaptées (EA)

On compte six cents entreprises adaptées dont certaines – les centres de distribution de travail à domicile (CDTD) – sont spécialisées dans l'emploi des personnes qui ne sont pas en mesure de se déplacer.

Les EA emploient vingt mille personnes handicapées dont l'efficience est supérieure au tiers de celle d'un travailleur ordinaire, par opposition aux Esat qui accueillent des personnes dont l'efficience est inférieure au tiers.

Leur mission a été explicitement définie par les textes en 2006 : « Les entreprises adaptées et les centres de distribution de travail à domicile […] permettent à des travailleurs handicapés à efficience réduite […], d'exercer une activité professionnelle salariée dans des conditions adaptées à leurs possibilités. Ils favorisent le projet professionnel du salarié handicapé en vue de sa valorisation, de sa promotion et de sa mobilité au sein de la structure elle-même ou vers d'autres entreprises[1]. »

De leur fonctionnement, on retiendra :

- que les EA emploient au moins 80 % de travailleurs handicapés ;
- qu'elles sont des entreprises à part entière soumises au Code du travail, ainsi qu'aux obligations fiscales, juridiques, financières de toute entreprise ;
- qu'elles passent un contrat d'objectifs triennal (COT) avec les services de l'État, qui vaut agrément, et qu'elles bénéficient d'aides de l'État notamment pour compenser les surcoûts liés à l'emploi de personnes handicapées à efficience réduite[2].

---

1. Décret du 13 février 2006, n° 2006-152.
2. En 2010, KPMG a réalisé une étude pour évaluer « le retour sur investissement » des mesures sociales destinées à soutenir l'emploi des travailleurs handicapés en Entreprise Adaptée. Il en ressort que le surcoût moyen auquel doit faire face une EA par rapport à une entreprise classique s'élève à 16 200 euros par an et par travailleur handicapé. Ce surcoût est lié à un différentiel de productivité, la nécessité d'un encadrement, social et technique supplémentaire et à des besoins techniques complémentaires, en termes de surface et d'équipements. Il en ressort aussi que les aides publiques mises en place pour favoriser l'accès à l'emploi des travailleurs handicapés couvrent 92 % de ce surcoût.

Comparaison EA/Esat

	EA	**Esat**
Dénomination avant 2005	Atelier protégé	Centre d'aide par le travail
Nombre d'EA ou Esat en France	600	1 500
Nombre de travailleurs handicapés accueillis	20 000	120 000
Moyenne de travailleurs handicapés par EA ou Esat	33	80
Modalités d'entrée	Sélection à l'entrée, comme pour une entreprise ordinaire [a]	Orientation CDAPH
Code du travail	Oui	Non
Rémunération	Au moins le SMIC	Entre 55 et 110 % du SMIC
Capacité de travail des travailleurs handicapés accueillis par rapport à un travailleur valide	> 33 %	< 33 %

a. Une EA peut recruter des travailleurs handicapés sans passer par Pôle Emploi ou les Cap Emploi s'ils répondent à certains critères, fixés par l'arrêté du 13 février 2006 (personne sortant d'un Esat ou changeant d'EA ou de CDTD…).

Pour résumer, en termes de fonctionnement, les Esat vivent encore aujourd'hui majoritairement des financements publics, afin que les contraintes du marché ne pèsent pas sur la qualité de l'accueil des personnes handicapées, tandis que les EA vivent essentiellement, comme toute entreprise, des commandes de leurs clients.

Les modalités de collaboration avec l'entreprise

Les textes offrent à l'entreprise plusieurs options pour recourir au secteur adapté ou protégé : l'achat de produits, l'achat de prestations de service, ou encore l'accueil de personnes handicapées dans le cadre d'une mise à disposition.

L'achat de produits ou de services

Dans ce cas, le processus est le même que pour tout fournisseur : un contrat de fourniture, de sous-traitance ou de prestation de services est établi. La collaboration donne lieu à une facturation à l'intention de l'entreprise. Seule différence, l'entreprise reçoit en fin d'année une attestation précisant le nombre d'unités bénéficiaires[1] à indiquer sur la DOETH. Il s'agit là d'un point de vigilance. En effet, lors d'un diagnostic, on constate parfois qu'une entreprise « perd des unités bénéficiaires » parce qu'elle n'a pas reçu l'attestation ou que celle-ci s'est égarée dans les rouages internes. Par conséquent, nous invitons les entreprises à vérifier, en amont des DOETH, que toutes les attestations ont été reçues pour pouvoir, le cas échéant, les demander aux structures concernées. Cela peut amener certains – les grands groupes notamment – à se donner les moyens d'identifier parmi ses fournisseurs, ceux qui relèvent du secteur adapté… en affectant une codification particulière au niveau des services comptables par exemple.

En termes d'offre, une étude du Gesat réalisée en 2007 montre que les activités déclarées portent principalement sur l'entretien, la création et la transformation d'espaces verts (20 %), puis sur les travaux de conditionnement, déconditionnement et tri (18 %). Une autre enquête[2] réalisée cette fois en 2011 fait ressortir que les entreprises clientes achètent majoritairement des prestations liées au secteur de la bureautique et de l'informatique à 58,8 %, à l'entretien des locaux à 29,1 %, des espaces verts à 22,1 % ou encore à la logistique et au conditionnement à 12,4 %. Toutefois, l'offre est bien plus diversifiée : ainsi, la proportion « autres activités » dans l'étude du Gesat est de 30 %. Ce chiffre est conforté par la réalité du terrain : les entreprises qui travaillent avec le secteur adapté ou protégé sont souvent dans la posture de co-construire une collaboration sur mesure.

---

1. Pour les contrats de sous-traitance et de prestation de services, l'article R. 5212-6 précise que le calcul des unités est réalisé sur le chiffre d'affaires, déduction faite des coûts des matières premières, produits, matériaux, consommation et frais de vente : voir le paragraphe « La valorisation des unités », p. 171.
2. Baromètre Humanis « Entreprises, osez l'Esat ! » : enquête réalisée en 2011 auprès de 708 entreprises.

« … leurs capacités ont été transformées en compétences adaptées à la demande »

■ *Pierre DROMARD, directeur de l'Esat Bastille et président de l'ADCP*

« Notre rôle n'est pas uniquement de produire, mais bien d'accompagner, par le travail, l'évolution et l'intégration de travailleurs handicapés dans l'emploi et le milieu ordinaire – même si beaucoup choisissent de rester en Esat.

À l'Esat Bastille, nous accueillons cent vingt-cinq personnes ayant des troubles psychiques. Une partie a déjà connu le monde du travail et l'autre sort de l'adolescence, ou de l'hôpital. Elles travaillent soit dans notre restaurant[1], soit dans nos ateliers ou en détachement chez nos clients[2], comme employés polyvalents, sur des activités bureautiques : numérisation, mailings, routage, façonnage, mais aussi accueil et standard, saisie et classement. Certains travailleurs ont une bonne maîtrise des outils Word, Excel et Access, qui leur permet de répondre à des travaux plus spécifiques de clients.

De cette idée est né en 2011 un partenariat avec SFR, qui recherchait des techniciens : une formation qualifiante de sept mois à ses métiers, dispensée à des personnes de l'Esat, a transformé leurs capacités en compétences adaptées à la demande et leur a ainsi permis de travailler chez SFR.

En qualité de président de l'ADCP[3], j'incite mes pairs à faire évoluer à la fois nos travailleurs (dans le respect de leurs projets individuels) et nos méthodes et équipements. Il nous faut trouver sans cesse un *chemin d'équilibre* dans ce co-investissement. Nos réussites concourent au changement de regard sur le handicap… et l'entreprise. »

---

1. Ouvert en 2003, ce fut le premier restaurant géré par un Esat (à l'époque un CAT), avec des commis de cuisine diplômés et des serveurs, tous reconnus « travailleurs handicapés ».

2. Près d'une soixantaine de personnes sont régulièrement mises à disposition, pour un portefeuille de plus de deux cents sociétés clientes (dont vingt cotées au CAC 40).

3. L'Association des directeurs de CAT de Paris, créée en 1996, regroupe actuellement trente-quatre Esat et s'efforce de répondre conjointement aux appels d'offres.

La mise à disposition

La mise à disposition consiste pour l'entreprise, à accueillir un ou plusieurs travailleurs handicapés, qu'il s'agisse de personnes issues d'Esat ou d'EA. Dans les deux cas de figure, l'objectif est de faire en sorte que la personne se rapproche au plus près du monde de l'entreprise, pour éventuellement l'intégrer à terme. En ce sens, la mise à disposition est à concevoir comme une passerelle, une étape temporaire visant à préparer l'accès à l'emploi.

Les conditions fixées par le législateur sont différentes, selon que l'entreprise collabore avec un Esat ou une EA.

Pour un Esat, la mise à disposition passe par la réalisation d'un contrat écrit entre l'Esat et l'entreprise auprès de laquelle la mise à disposition est réalisée. La durée du contrat est de deux ans. Il n'existe pas de lien contractuel entre le donneur d'ouvrage et le travailleur handicapé. Ce dernier continue de bénéficier d'un accompagnement médico-social et professionnel assuré par l'établissement auquel il demeure rattaché.

En ce qui concerne les EA, les conditions de la mise à disposition sont fixées par un contrat d'un an, renouvelable, que l'EA passe, d'une part avec l'employeur utilisateur, et d'autre part avec le travailleur handicapé. Ces contrats sont soumis au visa de l'inspecteur du travail.

Des différentes modalités de collaboration avec les EA/Esat, la mise à disposition est la pratique la moins utilisée : le baromètre Humanis[1] « Entreprises, osez l'Esat ! » montre en effet que seule une entreprise interrogée sur quatre a eu recours à cette prestation.

La valorisation des unités

Pour répondre à l'obligation légale, la collaboration avec le secteur adapté ou protégé ne peut se substituer totalement à l'emploi direct de salariés handicapés : le recours au secteur adapté n'est pris en compte qu'à hauteur de 50 % de l'obligation de l'entreprise. Ainsi, une entreprise à laquelle il faudrait dix unités bénéficiaires pour

© Groupe Eyrolles

1. Enquête réalisée en 2011 auprès de 708 entreprises.

atteindre les 6 % ne pourrait recourir au secteur adapté que pour cinq unités bénéficiaires maximum. Autrement dit, en collaborant avec le secteur adapté, l'entreprise ne peut, au mieux, diminuer sa contribution que de moitié.

- Si l'entreprise achète des produits ou une prestation de services réalisés au sein de l'EA ou de l'Esat, le calcul s'effectue selon la formule suivante :

$$\frac{\text{CA HT} - \text{Coût matières premières produits, matériaux consommation et frais de vente}}{\text{SMIC horaire brut} \times 2\,000}$$

- Si l'on parle de mise à disposition, la formule de calcul est plus intéressante pour l'entreprise :

$$\frac{\text{Heures facturées HT}}{\text{SMIC horaire brut} \times 1\,600}$$

Valoriser la collaboration – Exemple

	Achat produits ou services		Mise à disposition
Montant des achats	1 900 €	Montant des heures facturées	29 504 €
− Coût des matières premières et frais de vente	− 56 €		
= marge brute	1 844 €		
: SMIC × **2 000**	: 18 800 €	: SMIC × **1 600**	: 15 040 €
Unités générées	0,098	**Unités générées**	1,96

En synthèse, on retiendra que pour bénéficier d'une unité bénéficiaire, l'entreprise doit collaborer avec le secteur adapté ou protégé à hauteur de :

■ 18 800 €[1] de main-d'œuvre s'il s'agit d'achat de produits ou de prestations réalisés au sein de l'EA ou de l'Esat ;

■ 15 040 €[1] si l'on parle de mise à disposition dans l'entreprise d'un collaborateur issu du secteur adapté.

FREINS, ENJEUX ET OPPORTUNITÉS

Des freins persistants

On peut s'interroger sur les raisons pour lesquelles la filière du secteur adapté ou protégé est encore sous-exploitée : seuls 20 % des donneurs d'ordres choisissent de se tourner vers ces structures… Selon le réseau Gesat, le chiffre d'affaires réalisé par les entreprises du secteur adapté ou protégé est actuellement de 1,2 milliard d'euros par an, alors que le potentiel de ce marché serait de 5,4 milliards.

Il faut d'abord noter que l'axe de la collaboration avec le secteur adapté ou protégé n'est pas obligatoire pour les entreprises sous accord ou sous convention. Elles traitent donc prioritairement le recrutement – obligatoire dans le cadre d'un accord libératoire – et le maintien dans l'emploi…, c'est-à-dire l'emploi direct de personnes handicapées dans l'entreprise.

Au niveau du chargé de Mission Handicap, force est de constater un certain désarroi devant la complexité du fonctionnement de cette filière, mais aussi face à la quantité et à la diversité des sollicitations qu'il reçoit : entretien d'espaces verts, articles de papeterie, gadgets promotionnels, autant de propositions dont il ne mesure pas forcément la pertinence et la qualité. Autre difficulté : il est souvent seul pour piloter l'ensemble des axes de sa politique et sa formation initiale ne fait pas de lui un expert des achats.

De fait, le possible rapprochement entreprises/secteur adapté ou protégé souffre de deux types de freins majeurs : les uns sont d'ordre structurel, les autres liés à la méconnaissance et aux préjugés persistants de part et d'autre.

---

1. Calcul basé sur le SMIC horaire au 1er juillet 2012 (9,40 €).

Les freins d'ordre structurel

■ Le réseau des EA et des Esat présente des caractéristiques défavorables au développement de collaborations avec les entreprises.

Le foisonnement des structures et l'offre parfois difficile à cerner : le nombre d'EA (600) et d'Esat (1 500) peut surprendre un service achats… Comment identifier la bonne structure parmi toutes celles qui existent ? Ce point est d'autant plus pénalisant que l'on constate, même si la situation s'est améliorée, un certain manque de lisibilité de l'offre des EA et Esat : un tissu touffu et complexe qui ne favorise par l'entrée en relation.

Les Esat et les EA sont très majoritairement des établissements de taille modeste. Le nombre de personnes handicapées est en moyenne de trente-trois travailleurs employés en EA et de quatre-vingts personnes accueillies en Esat. Il en résulte logiquement des difficultés pour répondre à un appel d'offres d'envergure ou couvrant un large territoire géographique, comme ceux diffusés par de grandes entreprises privées ou par la fonction publique. Face à une offre localisée et portée par de petites structures, les acheteurs se sentent parfois démunis.

Une autre difficulté, en particulier pour les Esat, réside dans leur mission même. Ces établissements ont des objectifs avant tout d'ordre « médico-social ». Pour eux, offrir une activité professionnelle aux personnes handicapées est un moyen de favoriser leur épanouissement et leur prise d'autonomie, avant d'être une source de gains financiers pour l'établissement. Ainsi, le développement de la part de leur chiffre d'affaires provenant d'activités commerciales ne constitue pas leur préoccupation centrale. À cet égard, le rapport de la Direction générale des affaires sociales de 2009 portant sur « la modernisation et le développement des Esat dans leurs missions médico-sociales et économiques » donne un indicateur intéressant quant au déficit de politique commerciale volontariste de ces structures : plus d'un Esat sur quatre réalise 80 % de son chiffre d'affaires sans prospection clients. En outre, pour les Esat, gérer la double contrainte d'activités économiques en adéquation avec les capacités des personnes handicapées qu'ils accompagnent et les demandes des clients, ceci dans un contexte de mondialisation et de concurrence accrue, n'est pas sans poser problème. Tant en termes de ressources que de compétences, les Esat ne sont pas « bien équipés » pour travailler avec l'entreprise… du moins dans le cadre d'une relation classique de client/ fournisseur.

▪ Du côté des entreprises, les freins se situent au niveau de la politique d'achat, l'objectif de l'acheteur étant de rationaliser les achats, et par là même de permettre à l'entreprise de réaliser des économies. C'est notamment vrai dans les grands groupes qui, souvent, réduisent leur nombre de fournisseurs pour des questions d'économie d'échelle. Les procédures d'achat ne sont pas non plus toujours adaptées. Les services achats, qui travaillent au niveau national ou international, et sont d'ailleurs parfois basés à l'étranger, ignorent tout de la législation française en matière de handicap. Difficile donc pour les Esat et les EA de se positionner, leur implantation et leur vocation étant essentiellement locales.

La méconnaissance et les préjugés

Si la question du handicap et de l'emploi de personnes handicapées a fait son chemin dans les entreprises, la méconnaissance du secteur adapté ou protégé demeure une réalité, en particulier au niveau des services achats qui ont, par définition, un rôle clé dans le domaine. Quelles sont les différentes structures ? Quels sont les types de collaboration possibles ? En quoi la collaboration avec le secteur adapté permet-elle à l'entreprise de répondre à l'obligation d'emploi ? Comment établir un rapport équilibré entre l'exigence de performance de l'entreprise et son engagement en faveur des personnes handicapées ? Autant de questions qu'il faut aborder en toute transparence si l'on souhaite réussir un rapprochement avec le secteur adapté. Sans une formation préalable, les acheteurs tenteront de fonctionner avec le secteur adapté ou protégé comme avec un fournisseur classique en termes d'exigences, de réactivité… or les Esat et les EA ne sont pas, pour la plupart d'entre eux, des fournisseurs comme les autres.

De l'autre côté du miroir, les Esat – c'est moins vrai pour le EA qui sont des entreprises à part entière – connaissent mal l'entreprise.

Leur vocation médico-sociale explique en grande partie cette situation. Peu familiers de l'entreprise, maîtrisant mal ses attentes, ses rouages et ses modes de fonctionnement, les Esat se trouvent en difficulté pour se positionner. L'un des enjeux pour les Esat est de monter en compétences sur les réponses à appel d'offres et, plus globalement, de créer des liens avec l'entreprise. C'est d'ailleurs l'une des préconisations phares dans le rapport de la Direction générale des affaires sociales de 2009.

Comme souvent, la méconnaissance favorise l'émergence des préjugés et des résistances. Un des obstacles que peut avoir à vaincre un Esat ou une EA qui souhaite développer des relations durables avec les entreprises et le monde économique est de fait l'image (ou l'absence d'image) du secteur du travail adapté ou protégé :

- des produits chers que l'on achète « parce que la loi nous y oblige » ou parce que c'est « une bonne action », des prestations se limitant à l'entretien d'espaces verts ou de conditionnement : autant de préjugés qui ont la vie dure ;
- des sous-traitants susceptibles d'exécuter uniquement des commandes simples et répétitives : image liée à celle du travailleur handicapé incapable d'accomplir des tâches complexes, voire de pouvoir un jour intégrer l'entreprise.

Or la réalité est toute autre. Selon le baromètre Humanis « Entreprises, osez l'Esat ! »[1], 95 % des entreprises ayant recours à la sous-traitance se déclarent satisfaites de la collaboration avec des Esat. Les principaux motifs de satisfaction évoqués sont l'adéquation entre les prestations fournies et les besoins, la réactivité des EA/Esat, les prix, la disponibilité et les délais de livraison !

Il est vrai qu'historiquement, les entreprises ont eu tendance à se tourner vers l'achat de fournitures de bureau, produit phare proposé alors par les structures adaptées, qui mettaient l'accent sur la dimension caritative de l'acte d'achat. Des produits basiques, souvent plus chers et de moins bonne qualité que ceux des circuits traditionnels… et même si les choses ont considérablement évolué, cela a laissé des traces dans les représentations collectives.

---

1. Enquête réalisée en 2011 auprès de 708 entreprises.

C'est d'ailleurs pour modifier cette vision que le rapport de la Direction générale des affaires sociales de 2009 préconise de créer un outil de communication permettant de valoriser l'image des Esat en direction des entreprises et du monde économique.

Des enjeux et des opportunités

Répondre à l'obligation légale

Collaborer avec le secteur adapté ou protégé permet à l'entreprise d'améliorer son taux d'emploi et de diminuer la contribution libératoire.

Depuis 1987, l'employeur peut s'acquitter de son obligation en achetant des produits ou des services, ou encore en accueillant des personnes d'Esat ou d'EA dans le cadre d'un contrat de mise à disposition. Certes, cette solution permet au mieux de satisfaire jusqu'à 50 % de l'obligation d'emploi. Pour autant, elle n'est pas négligeable, car elle peut amener une entreprise à diminuer significativement le montant de sa contribution. D'ailleurs, en 2010, avec le risque de la sur-pénalité[1], un certain nombre d'entreprises à taux zéro ont fait ce choix : en achetant des produits ou des services au secteur adapté ou protégé, elles pouvaient échapper *in extremis* au règlement d'une contribution calculée sur la base de 1 500 × le taux du SMIC horaire par unité manquante (au lieu des 400 à 600 × le taux du SMIC horaire généralement appliqués).

L'impact d'une collaboration avec le secteur adapté ou protégé sur la contribution libératoire est un aspect encore parfois occulté par les acheteurs : si l'on se place d'un point de vue strictement financier, face à un devis d'Esat ou d'EA légèrement plus élevé que celui d'un fournisseur classique, on constatera, en raisonnant en coût complet, que le recours au secteur adapté peut se révéler finalement gagnant.

---

1. Voir paragraphe sur la sur-pénalité, p. 32.

« … pour faire de la sous-traitance, encore faut-il connaître ceux à qui l'on sous-traite ! »

■ *Olivier GRÉGOIRE, en charge de la Mission Emploi et Handicap au GIM (Groupe des industries métallurgiques)*

« Par secteur adapté, il faut entendre "adapté à la situation de santé de celui qui y travaille". Cela représente aujourd'hui près de cent quarante mille personnes, insérées dans plus de deux mille structures, Esat et EA[1]. Pourtant, la valorisation de la collaboration des entreprises privées avec ce secteur n'est que de 0,8 % de l'obligation d'emploi (6 %), alors qu'elle pourrait atteindre 3 % par l'emploi indirect.

Pour faire de la sous-traitance, encore faut-il connaître ceux à qui l'on sous-traite ! Or ce secteur a fait peu de lobbying pour expliquer et valoriser l'ensemble de ses activités ainsi que ses métiers… En outre, le maillage régional et national est loin d'être organisé[2] pour répondre, par exemple, à des demandes multi-sites. Toutefois le Réseau Gesat[3], avec le soutien d'une soixantaine de grands comptes, a créé sur Internet un répertoire exhaustif des structures, identifiées par activités.

On peut citer également de belles réussites, à l'image du maillage créé par Air France pour nettoyer chaque jour près de 11 tonnes de linge en provenance des avions : cinq entités se sont ainsi regroupées pour la collecte, le *dispatching* et le traitement. Ou encore l'exemple de Bretagne Ateliers qui, en trente-sept ans, est passé de vingt à cinq cent soixante-dix salariés, dont quatre cent vingt travailleurs handicapés, et œuvre à 90 % pour le secteur automobile. On est très loin du "misérabilisme occupationnel" ou de l'achat caritatif de fournitures de bureau…

Au final, on peut, avec le recul, faire le constat suivant : travailler avec le secteur adapté peut impliquer de modifier ses processus et pratiques, mais cela constitue un bon apprentissage de la diversité. »

---

1. Établissements et services d'aide par le travail (ex-CAT) et entreprises adaptés (ex-ateliers protégés).
2. Ce maillage n'existe aujourd'hui qu'en régions parisienne, lilloise et lyonnaise.
3. Groupement des Esat et des EA qui adhèrent au réseau.

Élargir le champ de la politique handicap

Collaborer avec des Esat et des EA est une manière de traiter le handicap dans sa globalité, en allant au-delà de l'emploi direct en entreprise.

En travaillant avec le secteur adapté ou protégé, l'entreprise se positionne sur de l'emploi indirect. Elle offre une activité professionnelle à des personnes qui sont – à l'instant t en tout cas – dans l'incapacité de trouver un emploi dans une entreprise classique. Au plan humain et sous l'angle de la RSE, cette démarche est évidemment louable.

Dans le cas de la mise à disposition, elle ouvre les portes de l'entreprise et prépare une entrée progressive de la personne dans le monde du travail ; elle permet de désenclaver les structures adaptées et de favoriser les passerelles avec le milieu ordinaire… ce qui est positif pour les personnes handicapées et contribue à lutter contre leur ghettoïsation. En ce sens, l'entreprise engagée sur cet axe ajoute une corde à son arc : collaborer avec le secteur adapté ou protégé est une autre manière de favoriser l'intégration des personnes en situation de handicap.

Autre enjeu de taille, le rapprochement avec le secteur adapté ou protégé amène à sensibiliser plus largement sur l'engagement de l'entreprise, en impliquant de nouveaux acteurs dans la politique handicap : les acheteurs ou les services généraux, ou encore les services de développement durable dont l'une des missions est axée sur le volet social.

Se doter d'une alternative au recrutement

Le secteur adapté ou protégé permet de créer de nouvelles opportunités face à un marché de l'emploi de personnes handicapées tendu.

Confrontées à des difficultés pour recruter des personnes handicapées, soit parce que le contexte économique ne s'y prête pas, soit parce qu'elles sont en recherche de profils qualifiés difficiles à trouver dans la population des demandeurs d'emploi handicapés, certaines entreprises ont tout intérêt à explorer la piste de ces secteurs, ce qui leur permet, pour le moins, de valoriser des unités et d'augmenter leur taux d'emploi.

En outre les entreprises, de plus en plus nombreuses à vouloir recruter des candidats en situation de handicap se heurtent dès lors à une forme de « concurrence ». Dans certains cas, se rapprocher de structures adaptées ou protégées peut constituer une nouvelle source de candidatures. Évidemment, cette possibilité ne concerne pas tous les postes et ce type de recrutement n'est pas immédiat, car le passage du secteur adapté au milieu ordinaire de travail se doit d'être progressif et encadré. Mais les Missions Handicap qui ont appris à travailler avec le secteur adapté ou protégé sont nombreuses à pouvoir témoigner du recrutement d'une personne issue d'un Esat[1]. D'ailleurs, c'est dans cet esprit qu'est pensée la mise à disposition qui, rappelons-le, est une étape temporaire vers l'embauche.

Tenir son rôle d'entreprise responsable

La collaboration avec le secteur adapté ou protégé s'inscrit à part entière dans la RSE et les politiques d'achat responsable et solidaire.

Les entreprises du CAC 40 sont d'ores et déjà contraintes de s'engager et de communiquer sur ces sujets. Pour autant, elles ne sont pas les seules concernées. Les entreprises non cotées sont, elles aussi, incitées à entrer dans la même logique, notamment au regard de ce qui ressort des différentes lois de Grenelle[2].

Du point de vue de leurs achats, les entreprises se posent de plus en plus des questions d'ordre éthique et de développement durable. L'objet est d'acheter des produits ou services plus soucieux de l'environnement et fabriqués dans des conditions socialement respectueuses. Confier du travail à des EA ou des Esat prend alors tout son sens.

S'agissant d'entreprises prestataires de service, le fait de travailler avec des EA ou des Esat peut devenir un avantage concurrentiel. Les grands groupes sont de plus en plus nombreux à faire figurer des clauses sociales dans leurs appels d'offres. Même s'il ne s'agit pas là du seul critère, l'existence d'une politique handicap et d'une collabora-

---

1. Voir chapitre 8, « Recruter et intégrer », témoignage Malakoff Médéric, p. 118.
2. Les lois Grenelle I et II respectivement adoptées en 2009 et 2010, et issues du processus du Grenelle de l'Environnement de 2007.

tion avec le secteur adapté ou protégé peut alors entrer en ligne de compte dans le choix du prestataire. C'est encore plus vrai concernant la fonction publique : les directives européennes de 2004 ont ouvert dans le Code des marchés publics la possibilité d'introduire des clauses sociales dans les marchés. L'article 15 du Code des marchés publics indique explicitement que « certains marchés ou certains lots d'un marché peuvent être réservés à des entreprises adaptées ou à des établissements et services d'aide par le travail ». Certains prestataires de service en ont pleinement conscience et envisagent d'ailleurs de créer leur propre EA : une manière de marier intelligemment leur politique handicap et leur positionnement commercial.

Les pistes d'action

En dépit des freins détaillés plus haut, certaines entreprises n'hésitent pas à investir l'axe du secteur adapté ou protégé. À titre d'exemple, pour la période 2009-2012, EDF s'est engagé à consacrer 6 millions d'euros par an à l'achat de prestations et de fournitures diverses. Le groupe La Poste a indiqué son intention d'effectuer 1,5 % de ses dépenses de fonctionnement, soit 10 millions d'euros, auprès d'EA ou d'Esat.

Pour relever le défi, les pistes d'action sont multiples : certaines, classiques, d'autres plus innovantes et peut-être plus complexes à mettre en œuvre. Une chose est sûre, la collaboration avec le secteur adapté ne peut s'envisager comme une relation client/fournisseur ordinaire. Elle se construit dans le temps et repose sur une modification des représentations et des pratiques dans l'entreprise, mais aussi au sein des Esat et EA.

S'appuyer sur la nouvelle organisation du marché

On notera tout d'abord que les EA et Esat ont fait évoluer leur offre pour mieux répondre aux besoins de l'entreprise. En effet, l'un des enjeux majeurs pour le secteur adapté et protégé est de développer son intégration dans le tissu économique et de renforcer ses relations avec les entreprises. C'est là une tendance lourde dans l'ensemble de ce secteur et cela correspond à ce que préconisent les pouvoirs publics[1]. La machine est en marche : diversification de l'offre, développement d'activités de prestations de service à forte valeur ajoutée, comme l'organisation d'événementiel par exemple… le marché du secteur adapté et protégé évolue. Et les entreprises sont les premières à bénéficier de cette évolution structurelle. À titre d'exemple, on citera SFR, qui travaille aujourd'hui avec vingt-sept entreprises du secteur protégé et réalise ainsi un chiffre d'affaires de 1,75 million d'euros : le service client, accessible aux personnes sourdes ou malentendantes par web et *chat*, est assuré par des personnes sourdes formées au métier de vidéo-conseiller et la relance téléphonique à l'amiable par la société Handicall[2] à Bordeaux ; le conditionnement des notices pour la Box SFR ou le recyclage des boîtiers électriques est confié au secteur adapté et protégé, etc.

Parallèlement, les EA comme les Esat ont fait un effort de regroupement, notamment pour rendre leur offre plus lisible et plus simple d'accès pour les entreprises. Deux groupements sont aujourd'hui bien identifiés par les chargés de Mission Handicap :

- le Gesat, qui se fixe comme missions d'assurer la promotion du secteur protégé et adapté, mais aussi d'accompagner les acteurs économiques dans leurs relations avec les Esat et EA ;
- l'Union nationale des entreprises adaptées (UNEA), qui regroupe, quant à elle, 60 % des EA de France et qui, elle aussi, se positionne sur le rapprochement entre entreprises et EA.

L'UNEA comme le Gesat ont mis en place des « filières métiers », l'objectif étant de pouvoir répondre à des demandes d'entreprises multi-sites ou à des appels d'offres à forte volumétrie. En s'organisant autour d'un métier donné, les Esat et EA sont ainsi en mesure d'harmoniser leur offre et de mutualiser les moyens de production pour se positionner auprès des entreprises. À titre d'exemple, on citera les filières plateaux-repas/traiteurs, le recyclage de déchets

---

1. Propositions d'actions figurant dans le rapport de la Direction générale des affaires sociales de 2009 portant sur « la modernisation et le développement des Esat dans leurs missions médico-sociales et économiques »
2. Handicall est le premier centre d'appels agréé « entreprise adaptée ». Plus de 130 collaborateurs y sont employés sur les centres de Bordeaux, Tours et Chartres.

d'équipements électriques et électroniques (DEEE), la gestion électronique et la numérisation de documents.

De leur côté, les entreprises s'organisent également pour gérer efficacement leurs achats solidaires et faciliter les liens avec les structures concernées. C'est l'objet de l'association Pas@Pas. Sous l'égide de la Compagnie des dirigeants et des acheteurs de France (CDAF), plusieurs grands comptes (Groupe Caisse d'Épargne, Bouygues Telecom, Saint-Gobain, SNCF, etc.) ont créé cette association pour promouvoir et faciliter la sous-traitance au secteur protégé et adapté ainsi qu'à celui de l'insertion par l'activité économique. Son projet est concrétisé par le développement d'une plate-forme électronique : il s'agit à la fois d'une place de marchés et d'un centre de ressources consacré aux achats solidaires auprès d'ERLINK "http://www.reseau-gesat.com/"Esat, d'EA, d'EI (entreprise d'insertion) et d'ETTI (entreprise de travail temporaire d'insertion).

Former et accompagner les acteurs

Pour développer une collaboration efficace et durable avec le secteur adapté ou protégé, le passage obligé est avant tout la formation et l'accompagnement des acteurs : les acheteurs bien sûr et les services généraux, mais aussi tous les intervenants susceptibles d'être à l'origine d'un achat de produit ou de service : chefs de service, assistantes… L'objectif est bien évidemment de les informer, mais aussi et surtout de les convaincre et de les mobiliser.

La première étape est celle de l'information, afin que les acteurs aient une meilleure connaissance et une meilleure compréhension du sujet. En effet, les décideurs précités sont généralement peu au fait de la loi handicap et, notamment de l'intérêt que représente pour l'entreprise le fait de travailler avec des EA ou des Esat. Quels sont les différents types de structures ? Quelles activités proposent-elles aux entreprises ? Comment identifier celles qui pourraient répondre aux besoins de l'entreprise ?…

Il s'agit ensuite de briser une barrière psychologique, en faisant évoluer les représentations, à la fois sur le secteur adapté et protégé mais aussi sur les capacités des personnes handicapées en général :

convaincre les acteurs que les EA et Esat peuvent répondre aux exigences de qualité de l'entreprise, que l'offre ne se réduit pas aux fournitures et à l'entretien d'espaces verts, que les personnes qui travaillent dans ces structures, si elles sont handicapées, n'en sont pas moins compétentes… Pour favoriser cette prise de conscience, les exemples ne manquent pas : Areva, Air France, BNP Paribas, le Crédit Agricole, SFR, pour ne citer qu'elles, communiquent largement sur leur collaboration avec le secteur adapté et protégé. Les nombreux témoignages figurant sur le site de l'Agefiph ou du Gesat[1] constituent également une source précieuse d'exemples réussis.

Au-delà de l'information et de la sensibilisation, collaborer avec le secteur adapté nécessite une démarche plus globale d'accompagnement des acteurs. En effet, ceux-ci vont devoir modifier leurs pratiques et apprendre à travailler autrement. On l'a dit, les Esat et les EA ne sont pas des fournisseurs comme les autres. La seule transmission d'un cahier des charges, aussi précis soit-il, n'est pas le mode de relation approprié. Collaborer avec une EA ou un Esat nécessite d'établir une relation au sens humain du terme, de construire la relation dans la durée… car c'est dans la durée que l'entreprise va pouvoir développer un partenariat sur-mesure et performant.

Sur le fond, la question qui se pose n'est plus : « Pouvez-vous assurer cette prestation donnée ? », mais plutôt : « Comment pourrions-nous travailler ensemble ? » Or cette question n'attend pas une réponse immédiate : pour réussir, l'entreprise doit mettre les acheteurs et les responsables d'EA/Esat dans la posture d'apprendre à se connaître, à rechercher et à co-construire des collaborations. Finalement, les entreprises doivent percevoir le secteur adapté et protégé certes comme une alternative équivalente à un fournisseur classique, mais plus encore comme un partenaire de référence à vocation sociale.

Réaliser un diagnostic et identifier les collaborations possibles

La phase de diagnostic, c'est-à-dire l'analyse des pratiques et procédures existantes, est un préalable essentiel dans la démarche, tant pour alimenter les arguments de la sensibilisation interne que pour

---

1. Voir le site reseau-gesat.com.

co-construire *in fine* des collaborations sur-mesure. L'état des lieux porte sur trois points :

- L'analyse des collaborations existantes : l'entreprise procède-t-elle déjà à l'achat de produits ou de services à des EA ou Esat ? de quel type de collaboration s'agit-il ? quel est le niveau de satisfaction des services utilisateurs ? toutes les collaborations sont-elles bien identifiées et valorisées dans les DOETH ? ces collaborations sont-elles susceptibles d'être étendues ? etc.

- L'analyse des procédures d'achat en vigueur dans l'entreprise : quelles sont les modalités d'élaboration du cahier des charges ? comment la consultation est-elle organisée ? comment la sélection s'opère-t-elle ? les acteurs intervenant aux différentes phases sont-ils au fait de la loi « handicap » ? À chaque question, sont mises en exergue les difficultés potentielles qui pourraient se poser à une EA ou un Esat en situation de se positionner et les possibilités de contournement envisageables.

- L'analyse de ce qui dans l'entreprise constitue un frein ou une opportunité dans la perspective d'une collaboration avec le secteur adapté : le niveau d'information et de sensibilité au sujet, l'existence d'une politique handicap établie, les pratiques et la maturité de l'entreprise par rapport aux sujets en lien avec la RSE…

L'identification des collaborations possibles, phase complémentaire au diagnostic, poursuit deux objectifs : repérer, d'une part, ce qui dans les achats existants pourrait être confié à des EA ou des Esat plutôt qu'à une entreprise classique et, d'autre part, identifier des besoins ou des tâches assurées en interne qui pourraient être externalisés vers le secteur adapté ou protégé.

L'analyse des différentes familles d'achats peut amener des entreprises à se détourner de leurs fournisseurs classiques pour se tourner plutôt vers le secteur adapté ou protégé. Au-delà du fait que l'entreprise répond ainsi à ses objectifs en matière de politique handicap et de politiques d'achats responsables et solidaires, l'opération, en tenant compte de l'impact de la collaboration sur la contribution libératoire, peut être économiquement intéressante.

On s'attache aussi à identifier les besoins existants ou potentiels auxquels une EA ou un Esat pourrait répondre : traitement des réponses aux candidatures, travaux d'entretien divers… C'est en ce sens qu'il est important pour les acteurs de l'entreprise de bien connaître le fonctionnement des EA et des Esat. C'est à cette condition qu'ils peuvent faire du lien entre les besoins de l'entreprise et les possibilités d'une EA ou d'un Esat. Recensement et valorisation des bonnes pratiques existant au sein de l'entreprise, témoignages d'EA ou d'Esat, les moyens existent, pour illustrer la diversité des prestations et donner aux acteurs de l'entreprise des idées quant à ce qui pourrait être confié au secteur adapté et protégé. Certaines Missions Handicap proposent également aux collaborateurs concernés la visite d'Esat ou d'EA, une bonne façon de visualiser la manière dont ces structures travaillent et d'envisager des partenariats.

Témoignage

« Les travailleurs de l'Esat sont heureux de venir chaque jour sur notre site. En 2011, leur prestation est valorisée à hauteur de 0,6 % de notre taux d'emploi »

Élise DOUET, responsable Mission Handicap et chargée des relations sociales, CEA Saclay

« Historiquement, nous avons d'abord eu recours aux Esat pour, essentiellement, l'achat de fournitures et, ponctuellement, de "petits" contrats, comme par exemple l'envoi de mailings. Depuis deux ans, nous développons l'axe des prestations de services.

Ainsi, nous avons confié la gestion des espaces verts du site (65 ha) à un Esat : dix-huit personnes, travailleurs handicapés et leurs encadrants, se rendent chaque jour à Saclay, pour la tonte, la taille d'arbustes et l'entretien des massifs, le désherbage… Lors de l'appel d'offres, nous nous sommes rendu compte que leur prestation était moins onéreuse que ce que nous facturait l'ancien prestataire. Les travailleurs de l'Esat sont heureux de venir chaque jour sur notre site et leur prestation est valorisée à hauteur de 0,6 % de notre taux d'emploi en 2011.

Nous avons également mis en place à l'intention de nos salariés une permanence hebdomadaire de blanchisserie et pressing, assurée par un Esat. Plus de deux cent cinquante clients leur confient du linge. Ce n'est pas valorisé dans notre taux d'emploi, mais cela

…/…

contribue à sensibiliser les collaborateurs à l'existence de ces structures et à l'efficacité des personnes handicapées qui y travaillent !

Ponctuellement, ce sont ensuite des commandes de buffet, de travaux d'impression et de mise sous pli ou encore la fabrication de T-shirts. Nous réfléchissons à d'autres pistes, aussi diverses que le lavage de voiture ou les cadeaux d'entreprise…

Surtout, nous avons un besoin : celui de recenser les expériences passées dont nous n'avons pas forcément connaissance, afin de réaliser un référencement des Esat et des prestations qu'ils proposent. Ce référencement sera mis à disposition de tous sur l'intranet. Une enquête est en cours auprès de l'ensemble des unités du site. »

Organiser le rapprochement et construire des collaborations durables

La base consiste à « équiper » les acteurs de l'entreprise en leur fournissant par exemple des guides pratiques sur l'offre, les modalités de collaboration possibles avec le secteur adapté et protégé et un carnet d'adresses comportant les coordonnées et les activités des EA et Esat pouvant être sollicités. Mais cette étape reste souvent insuffisante pour générer un rapprochement réellement performant.

Car lorsque l'on analyse l'offre, on constate bien souvent qu'au-delà des activités affichées, les possibilités des EA/Esat sont larges et *in fine* diversifiées. En plus des activités classiques et bien connues des entreprises, les EA/Esat développent de nouvelles offres : cadeaux d'affaires, événementiel, appels téléphoniques… Un des enjeux pour le secteur adapté et protégé est d'ailleurs de les faire connaître et de communiquer sur sa capacité à créer une prestation sur mesure. Dans ce contexte, la mise en relation est un passage obligé pour développer la collaboration avec le secteur adapté et protégé. Les Missions Handicap en sont conscientes : certaines se chargent d'établir le contact, soit en assurant elle-même la rencontre, soit en organisant des rendez-vous entre acheteurs et Esat/EA et en mettant en place un suivi de la relation.

C'est ainsi que, petit à petit, peut se construire une collaboration durable, collaboration qui va prendre des formes bien différentes de celle de la relation commerciale client/fournisseur. On constate, par exemple, l'émergence de partenariats fondés sur la formation des

personnes handicapées. L'entreprise accueille des personnes handicapées issues d'EA ou d'Esat et contribue au plan financier et pédago-
gique à leur formation avec une qualification à la clé. Cette piste est
prometteuse car elle concilie les différentes logiques en présence : elle
permet aux EA/Esat de répondre à leur objectif en matière de montée
en compétence des personnes qu'elles accueillent et donne à l'entreprise
l'opportunité de former des personnes à ses métiers dans le cadre de sa
politique handicap et de son budget Mission Handicap.

Pour rapprocher entreprises et structures adaptées et protégées, les
pistes d'action sont nombreuses et impactent les deux parties. Citons
notamment pour les EA/Esat : l'adaptation de l'offre aux besoins des
entreprises, la pratique de prix attractifs, le développement de prestations permettant d'offrir une palette de services la plus riche et inno-
vante possible, le renforcement des contacts avec les entreprises… En
ce qui concerne les entreprises : le développement de leurs connaissances concrètes de l'offre et des modes de fonctionnement des EA/
Esat, la formation et la sensibilisation des acteurs internes, l'adaptation des processus d'achat… Travailler avec le secteur adapté ou
protégé s'inscrit dans le temps, remet en question les pratiques de
l'entreprise et amène les acteurs à modifier leurs représentations et à
rechercher des solutions inédites. C'est finalement une constante des
différents axes de la politique handicap, pour le secteur adapté
comme pour le recrutement ou le maintien dans l'emploi.

Témoignage

« … le niveau opérant est un niveau de proximité… »

Gérard LEFRANC, directeur mission Insertion, Thales

« Au départ, les entreprises se sont dit que le secteur adapté devait
se structurer pour répondre à des appels d'offres nationaux, ce qui a
donné lieu à la création de l'UNEA puis du Gesat[1]. On a constaté
qu'en réalité, le niveau opérant était un niveau de proximité, en lien
avec un bassin d'emplois régional. Les décideurs vont plutôt
contracter localement, en "voisins responsables" et dans le cadre
d'une réelle politique territoriale.

…/…

---

1. Gérard Lefranc est membre administrateur du Gesat.

En parallèle, les réseaux ont créé des "filières métiers" sur lesquelles professionnaliser leurs travailleurs et pour capter des demandes à la volumétrie importante. On a heureusement dépassé l'époque de l'occupationnel – avec des commandes de fournitures de bureau, pour aller sur de l'emploi véritable !

En ce qui concerne Thales, nous avons par exemple transféré en Rhône-Alpes une partie de la production à un Esat, ce qui a impliqué que l'on y apporte les machines et que l'on forme le personnel. Il s'agissait donc d'un investissement dans la durée, sur la base d'une volonté commune, avec un triple bénéfice : répondre à un besoin de l'entreprise, faire monter en compétences les travailleurs handicapés, et permettre à l'Esat, ainsi équipé, de se développer commercialement en répondant à d'autres demandes.

On a également, depuis trois ans, externalisé 20 % de notre *facility management*[1] à une entreprise adaptée qui détache à l'année jusqu'à quarante personnes sur nos différents sites. Une action de cette ampleur est le fruit d'une réflexion en amont avec l'un de nos fournisseurs traditionnels et nécessite de l'encadrement sur place. Nous avons également étudié la création d'une conciergerie à Vélizy.

Notre collaboration avec le secteur adapté génère aujourd'hui cent soixante unités bénéficiaires, ce qui est significatif ! Nous avons atteint peut-être là nos limites, pour l'instant en tout cas, car ce secteur ne s'est pas encore lancé dans la sous-traitance industrielle, où il existe un vrai besoin de prestations sur-mesure. »

De nouvelles voies à explorer

Le groupement momentané d'entreprises (GME)

Comme son nom l'indique, le GME est la réunion de plusieurs opérateurs économiques, se regroupant sur un temps limité pour réaliser une opération déterminée. On peut ainsi imaginer un groupement constitué d'EA, d'Esat et d'entreprises « classiques ».

Grâce à ce dispositif, une entreprise prestataire de services « classique » peut répondre à un appel d'offres en s'étant regroupée avec des structures du secteur adapté ou protégé.

---

1. Ensemble des « services généraux », allant du courrier à des activités techniques de maintenance.

Du point de vue du donneur d'ordre, l'intérêt est double : il valorise les unités résultant de la collaboration avec les EA/Esat et confie la coordination entre les différents membres du GME à l'entreprise prestataire de service (le mandataire).

Du point de vue de l'entreprise prestataire de service, elle se démarque de ses concurrents en proposant au donneur d'ordre un mode de collaboration original, permettant à ce dernier de répondre à ses objectifs en matière de politiques handicap et d'achats responsables et solidaires, mais aussi de réduire sa contribution libératoire.

Du point de vue des structures adaptées ou protégées, ce type de collaboration permet de développer les compétences des personnes handicapées et constitue un moyen d'envisager des passerelles avec le milieu ordinaire de travail.

Les GME sont des montages juridiques assez complexes, qui peuvent, en cas de GME solidaire, engager la responsabilité du mandataire si l'une des entreprises du groupement fait défaut. À noter que les EA et Esat ne sont pas tous familiarisés avec ces dispositifs. Le montage peut demander du temps et un accompagnement important : difficile donc de mettre en place un GME dans le cadre d'un appel d'offres impliquant des délais de remise de dossiers généralement courts. Conscient de l'intérêt mais de la complexité du dispositif, le Gesat propose d'ailleurs un accompagnement à la mise en place de GME.

La création d'une EA

Les entreprises qui ont fait le choix de créer une EA sont rares. Citons à titre d'exemples la société Moët Hennessy Champagnes Services, qui a créé une entreprise adaptée[1] employant douze personnes handicapées et à laquelle elle a confié une partie du conditionnement de ses produits ; ou encore une usine IBM qui a, elle aussi, créé une EA au sein de laquelle elle a externalisé une partie de sa production…

L'idée peut donc séduire mais suppose une vraie réflexion. La démarche est complexe et nécessite des investissements humains et financiers conséquents.

---

1. Moët Hennessy Entreprise Adaptée (MHEA).

La création d'une EA présente certes des contraintes : elle implique que soit passé un contrat d'objectifs triennal (COT) avec les services de l'État. Elle implique également une collaboration de proximité et de qualité avec les acteurs du service public de l'emploi, puisque le recrutement d'un travailleur handicapé au sein d'une EA doit être généralement proposé par Pôle Emploi ou un Cap Emploi. Elle implique enfin que soit mis en place un encadrement formé spécifiquement à l'accompagnement des salariés en situation de handicap.

D'un point de vue économique, la mise de départ est importante. Ainsi, pour aboutir, Moët Hennessy a investi 1 million d'euros, pour un retour sur investissement qui ne peut s'envisager qu'à long terme. En effet, le modèle économique des EA les amène plutôt à être moins rentables qu'une entreprise classique, alors que les surcoûts liés à leur vocation sociale ne sont pas entièrement compensés par les aides de l'État.

En synthèse, on retiendra que la création d'une EA doit être conçue comme une action visant un objectif avant tout social : celui de favoriser l'emploi et l'intégration de personnes handicapées. L'intérêt économique – réduire sa contribution libératoire – et l'intérêt commercial – proposer à des clients potentiels d'assurer une prestation en cotraitance avec une EA – sont réels, mais ne doivent pas occulter cette finalité.

Témoignage

« ... nous veillerons à mettre en place les ressources indispensables à leur accompagnement professionnel et médico-social »

▪ *Jean-Pierre TAVERNIER, responsable handicap du groupe Derichebourg*

« Nombreuses sont nos filiales[1] qui sous-traitent régulièrement du travail au secteur adapté ou protégé, dans toute la France. Cela participe de la responsabilité sociale du Groupe, dont le taux d'emploi, pour certaines filiales, dépasse déjà 6 %, voire 9 %. Forts de notre connaissance de l'activité "multi-services[2]" et de l'appui du

.../...

---

1. Derichebourg Propreté, Derichebourg Environnement…
2. Il s'agit globalement des « services externalisés » : nettoyage, espaces verts, intérim, énergie, aéronautique, accueil…

Groupe, nous avons voulu aller plus loin. Après avoir créé l'Association Derichebourg Mission Handicap, dont l'un des rôles est d'accompagner les filiales dans la mise en œuvre de ce type de sous-traitance et de tisser un vrai maillage avec les Esat et EA, nous mettons aujourd'hui en place notre propre entreprise adaptée[1] ! C'est le fruit d'une réflexion menée depuis deux ans, au vu du potentiel des demandes émanant de nos clients, désireux de répondre par ce biais – et pour partie – à l'obligation d'emploi de travailleurs handicapés.

Notre premier marché concerne l'entretien d'espaces verts en région Champagne-Ardenne. En fonction des aides que nous obtiendrons de la Direccte, nous embaucherons de dix à douze travailleurs handicapés. Nous veillerons évidemment à nous doter des ressources indispensables à l'accompagnement médico-social de ces personnes : éducateurs formés, chefs de secteurs, tuteurs…

Grâce à une volonté partagée des parties prenantes (entreprises, État, EA) et à une meilleure compréhension des enjeux de chacune, nous espérons développer une activité au niveau national. Nous envisageons également de proposer aux salariés du groupe un mécénat de compétences, pour aller former ceux de l'EA. La finalité est certes à terme de parvenir à un équilibre financier, mais elle est avant tout d'intégrer dans l'emploi des personnes handicapées. »

---

1. En cours d'agrément par le préfet.

Glossaire

AAH : allocation adulte handicapé.

Afij : association pour faciliter l'insertion professionnelle des jeunes.

Agefiph : association chargée de gérer le fonds pour l'insertion professionnelle des personnes handicapées.

AP : atelier protégé.

Apec : Association pour l'emploi des cadres.

APF : Association des paralysés de France.

Arpejeh : Accompagner la réalisation des projets d'études de jeunes élèves et étudiants handicapés.

Assessment center : centre d'évaluation.

AVS : auxiliaire de vie scolaire.

Cap Emploi : réseau national d'organismes de placement dédiés à l'insertion professionnelle des personnes handicapées.

CAT : centre d'aide par le travail.

CDAPH : commission des droits et de l'autonomie des personnes handicapées.

CDTD : centre de distribution de travail à domicile.

CHSCT : comité d'hygiène, de sécurité et des conditions de travail.

CODEI : commission départementale de l'emploi et de l'insertion.

COT : contrat d'objectifs triennal.

Cotorep : commission technique d'orientation et de reclassement professionnel.

CRP : centre de rééducation professionnelle.

Dares : Direction de l'animation, de la recherche, des études et des statistiques.

Direccte : direction régionale des entreprises, de la concurrence, de la consommation, du travail et de l'emploi.

DG : direction générale.

DGEFP : Direction générale de l'emploi et de la formation professionnelle.

DOETH : déclaration obligatoire d'emploi des travailleurs handicapés.

DP : délégué du personnel.

EA : entreprise adaptée.

ECAP : emploi exigeant des conditions d'aptitude particulière.

EI : entreprise d'insertion.

EMT : évaluation en milieu de travail.

EMTPR : évaluation en milieu de travail préalable au recrutement.

ERP : établissement recevant du public.

Esat : établissement et service d'aide par le travail.

ETTI : entreprise de travail temporaire d'insertion.

Fagerh : Fédération des associations, groupements et établissements pour la réadaptation des personnes en situations de handicap.

FIPHFP : Fonds pour l'insertion des personnes handicapées dans la fonction publique.

Gesat : Groupement des établissements et services d'aide par le travail.

GME : groupement momentané d'entreprises.

GPEC : gestion prévisionnelle des emplois et des compétences.

Halde : Haute Autorité de lutte contre les discriminations et pour l'égalité.

IPP : incapacité partielle permanente.

IPRP : intervenants en prévention des risques professionnels.

IRP : instance représentative du personnel.

Jobboard (traduction littérale : « panneau emploi ») : modèle de site emploi permettant aux demandeurs d'emploi d'accéder à une liste d'offres d'emploi et de déposer leur CV dans une base de données à destination des recruteurs.

LSF : langue des signes française.

MDPH : maison départementale des travailleurs handicapés.

MRS : méthode de recrutement par simulation.

NAO : négociations annuelles obligatoires.

OETH : obligation d'emploi des travailleurs handicapés.

PCH : prestation de la compensation du handicap.

RH : ressources humaines.

RQTH : reconnaissance de la qualité de travailleur handicapé.

RSE : responsabilité sociale d'entreprise.

Sameth : services d'appui au maintien dans l'emploi des travailleurs handicapés.

SMR : surveillance médicale renforcée.

TMS : troubles musculo-squelettiques.

UNEA : Union nationale des entreprises adaptées.

Parmi les sites à consulter

Informations générales :

- agefiph.fr
- emploi-et-handicap.com
- handicap.fr
- handipole.org
- handisport.org
- vosdroits.service-public.fr/n451

Médias spécialisés :

- etrehandicap.com
- faire-face.fr
- handirect.fr
- magazine-declic.com
- vivrefm.com

Fonction publique :

- fiphfp.fr
- handicap.emploipublic.fr

Pour les étudiants :

- afij.org
- apajh.org
- arpejeh.com
- tremplin-handicap.fr

Recrutement :

- capemploi.com
- handi-cv.com
- handicap-job.com
- handicap.monster.fr
- handijobs.fr
- hanploi.com
- jobekia.com

Secteur adapté ou protégé :

- handeco.org
- ladapt.net
- reseau-gesat.com
- unea.fr

Formation des personnes handicapées :

- fagerh.fr

Index